聰明的
ETF投資法

雨果 ——著

雨果的
投資理財生活觀版主

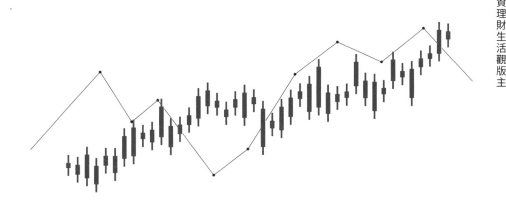

避免踩坑，
你可以這樣做

《內容感動行銷》、《慢讀秒懂》作者
「Vista 寫作陪伴計畫」主理人
https://www.vistacheng.com

鄭緯筌

認識我的朋友都知道，Vista 是一個無可救藥的愛書人。我平常喜歡涉獵各種書籍，從小到大也寫過很多不同類別的書籍，像是小說、電腦書、人物傳記、商管書……等等，同時，我也很榮幸有機會可以幫許多新書寫推薦序。

有趣的是，儘管對投資理財也很感興趣，但我卻很少有機會跟大家推薦投資理財的相關書籍。2022 年伊始，很高興可以跟大家推薦好友雨果兄的新書《聰明的 ETF 投資法》。

提到 ETF，除了大家所熟知的幾個優點，像是易於管理、交易方便、成本低廉與多樣化選擇之外，也因為 ETF 可以讓投資人一次買進一籃子的標的，不但能夠藉此分散投資風險，還可以直接在股票交易所買賣，堪稱是非常方便的投資工具。換言之，一般社會大眾只需要透過 ETF 進行簡單的資產配置，就可望得到不錯的投資績效。

也許你會問我，ETF 的確是不錯的投資工具沒錯，但是坊間已經有為數眾多的 ETF 投資理財書籍了呀！為何在這個時間點，大家

還需要閱讀「雨果的投資理財生活觀」版主雨果老師所撰寫的《聰明的 ETF 投資法》呢？

我認為《聰明的 ETF 投資法》這本新書的一大特色，就是用字遣詞力求簡單明瞭，書中還搭配了大量的圖表、公式和數據，即便是投資理財圈的新手小白，也同樣能夠迅速理解。更棒的是雨果兄能夠大方地剖析自己過往的投資經歷，並且娓娓道來這些寶貴的失敗經驗，讓大家得以在投資的道路上避免踩坑，也算是功德一件！

綜觀最近的全球政經局勢，讓人特別有感，許多專家、學者也紛紛提出警告。我們就以執全球經濟牛耳的美國來說，伴隨最近新冠肺炎疫情升溫，加上 Omicron 變種病毒持續肆虐，儘管百業正在復甦，但類股走勢卻也反映出對通膨與美債殖利率上升的擔憂。

2020 年以降，黑天鵝翩翩起舞。時序進入 2022 年，一切仍方興未艾。在這個凍薪又遇上通膨的年代，我們要如何擬定有效且穩固的退休計畫呢？對於想要追求財富自由的朋友們來說，ETF 堪稱是最合適的投資工具。如果你有興趣理解 ETF 投資的方法，我很樂意推薦你閱讀《聰明的 ETF 投資法》這本好書。

逃脫金錢的綁架，
你才能過更好的生活

《一人創富》作者

于為暢

　　「金錢」是我們一生都在追求的目標，從小時候的壓歲錢，到青少年的零用錢，出了社會後自力更生，先求有，再求多，再求賺得快。金錢綁架了我們，在追逐財務自由的路上，心靈反而不自由。到底有什麼方法可以讓我們從金錢壓力中解脫呢？這答案就是「理財」，讓錢去賺錢，用時間的複利魔法，幫我們存到充裕的退休金，不用再為錢煩惱。

　　萬物齊漲，只有你的薪水沒漲，相信最近你一定特別有感。「用錢去賺錢」的正確觀念，若能越早開始明白，回報期就越長。本書作者雨果是我的舊識老友，為人穩健實在，可靠負責，書中的理財觀念也很一致。我特別認同理財是一種長期策略投資，我們應盡早佈局，用最務實的數據分析，來規劃你的資產配置。

　　ETF 是很多投資人的最愛的工具，在起伏洶湧的股海中，既可靈活，亦可穩健，年報酬率幾乎都在 8% 以上，假設每年物價通膨是 3%，投資人仍可保有 5% 以上的財富增值。更美好的是，不用花太多時間管理，可更專心於本業，不再讓金錢禁錮你的精神和注意

力，才能無慮的去享受人生。

有沒有人覺得自己雖然很會賺錢，但卻越賺越窮呢？當然有，「賺越多，花越多」，導致支出大於收入，不管是個人或是企業都可能如此。因此，能存下多少錢，以及有多少錢正在幫你「工作」，是每個人都要學會的金錢戰略。對於金錢的流向，各種投資項目的認識，風險和報酬的計算，投資績效如何評估等等，作者在本書中都提供了專業的建議，以及具體可行的做法，對讀者來說相當實用。

我們不僅要懂得如何守住錢，也要擁有正確的投資心法，本書相當淺顯易懂。還有，每個人的收入、預計退休年紀等都不同，所以作者也不藏私地提供了自己一直在使用的退休金需求試算表及預算規劃表等表格，讓讀者可以量身規劃屬於自己的退休金，和每個月的支出、收入預算。

作者多年用心經營的臉書粉絲團提供了許多扎實的投資理財心法，何時該逢高減碼、逢低加碼，以及對各種金融產品的分析，均精闢到位。如今終於將其智慧集結成書，實為讀者之福。我身為一個積極的投資人，也從本書中獲得許多寶貴的見解，用來平衡我的投資組合，讓我每天睡得更安穩，同時間，也讓錢去幫我好好賺錢。

真正的投資理財
是用錢賺錢 ——————— 雨果

　　從投資小白到理財專家的心路歷程，這一條投資之路有血有淚，更有好多收穫，這本書寫的都是我的親身體驗與觀察，以及認為最適合多數人的投資方法，每一個體悟都是用金錢換取而來，付出的學費內化成投資實力，希望讀者能因為閱讀這本書而避開投資盲點，少走一些冤枉路，當你真正學會投資理財這件事，就能掌握一輩子都受用的一技之長，再也不會對金錢有不安全感，更不用擔心退休生活無所依靠。

　　2007 年是我踏入台股市場的第一年，當時還是投資新手，只有對股票投資的滿腔熱血，傻勁十足，在完全不懂的情況下就投入股市戰場。靠著翻閱財經雜誌隨便買股，幸運的是第一次交易就獲利，成功的經驗讓我信心大增，天真的認為靠股票賺錢很簡單，股市就像大家說的一樣，是一個容易賺錢的好地方。然而，對於選股我始終無從下手，於是開始大量充實相關的財經知識，也同時學習投資方法，首先選擇最容易入門的技術面分析，熟記各種技術指標所代表的訊號，但經過一段時間實際套用在股市之後，發現時好時壞，技術分析的投資方法不是每次交易都管用，於是開始思考其中原因。

　　但好景不常的是 2008 年遇上金融海嘯，這一場股災讓我損失超過六成的本金，徹底了解自己在這段期間的投資表現，就是標準的散戶心態，無法克服人性的貪婪與恐懼，因為不想實現帳上虧損而不斷凹單，將之前所學的投資方法完全拋到腦後，用「期待」面對股市變化，結果理所當然被市場教訓。但這次慘痛的經驗並沒有嚇跑我，反而越挫越勇，誓言克服人性弱點，持續接受金融市場的挑戰。

　　後來轉而學習基本面分析，相信投資股票若能先掌握公司基本面，避免買到地雷股，再加上透過技術分析找出短期股價的漲跌趨勢，應該就可以有更高的勝率，計畫著維持每年都有超過 20% 的投資報酬率，就能夠如期存到 3,000 萬元退休金。但是，計畫始終趕不上變化，而現實總是殘酷，因為投資報酬率不可能每年都達到計畫中每年 20% 的目標，就這樣，我的 12 年 3,000 萬元退休金計畫正式宣告失敗。

　　經過一段時間的沉潛，反覆思考交易操作的盲點，終於悟出自己的交易之道，那就是「長久投資」的重要性，正式從一個極短線的投機交易者轉變為長線的投資者，不想再過著每天無時無刻盯盤的投資生活，看透了頻繁交易是無法長久的投資方法，少量的投資頻率才是適合大部分投資人長期交易操作的方式。

後來，我注意到透過被動式的指數型 ETF 投資方式與資產配置累積退休金，透過歷史數據回推，年化報酬率可以達到 7% ～ 10%，根據投資的國家與市場不同而有所差異。經過一段時間的研究，確認這一套投資方式的可行性，認為這是每個投資人都應該優先採用的基礎投資方式，這也是本書中想與讀者分享的投資方法。

　　摒棄經過十年驗證無效的投資方法，我重新使用長期投資方法投入股市，並重建退休與財務自由計畫，只要盡早開始執行，想要在退休年限前累積到合理退休金的目標絕對可行，於是我努力存錢，每年將部分存款投入規劃好的資產組合，同時養成正確的投資觀念及消費習慣。而關於累積退休金，我覺得優先順序應該是「投資的本金 > 投資的時間 > 投資的報酬率」，追求提高報酬率，將會需要投入更大量的時間與成本，卻不一定會帶來正向的結果，甚至可能導致虧損，做有效率的投資才能事半功倍。

　　我相信投資過程不會永遠順利，高低起伏才是正常，有賺有賠更是日常，退休金的累積也不會如預期中照著計劃進行，投資報酬率更不會每年都相同。所以理財除了投資獲利之外，建議大家要努力工作提高收入，調整正確的金錢價值觀以及消費習慣，同時盡可能地存錢，並利用保險對未來的保障，避免理財進度受到重大的影響，重新建立這些觀念與心法，財務自由之路就能走的安穩、平順。

　　書中提到除了台股投資之外，更希望大家能放眼全球市場，只要透過指數型股票 ETF 就能投資全世界，擁有複委託帳戶或是美國券商帳戶，就能用更低的成本購買美股或上百檔指數型股票 ETF，分散投資不僅是降低投資集中的風險，同時也是增加投資命中的機會。另外，建議大家一定要有資產配置的觀念，最普及的投資組合就是股票搭配債券，同樣也能透過指數股票型基金（ETF）的方式進行資金分配。

　　總而言之，退休是每個人都會面臨的人生關卡，本書以累積退休金為出發點，分享各種投資理財方式與觀念，規劃適合自己的退休需求，並擬定計畫達成目標，希望各位可以漸漸養成理財的好習慣，找到正確的投資方法，持之以恆的堅持，一定能達到財務自由的目標，追尋更有意義的事情，活出人生下半場的精彩退休生活。

目錄 CONTENTS

PART 01

致富先修課，
人生沒白走的冤枉路

PART 02

翻轉投資策略，
FIRE（財務自由）不是夢

PART 03

體悟真正可行，
屬於你的理財心法

PART 04

投資面面觀，
找出最適合的工具選項

PART 05

決定你的資產配置，
才是致富關鍵

01

理財工具很多，股票(個股)、公司債、選擇權、基金、ETF、貨幣……等，哪一個才適合我？不斷嘗試、不斷失敗沒關係，但必須記取教訓，找到最適合自己的投資標的。

致富先修課，
人生沒白走的
冤枉路

資產翻倍再翻倍

2007 年是我踏入台股的第一年，記得當時到券商開戶之後，就迫不及待的想要進入市場，感受投資股票的魅力。剛開始完全不知道要從哪一檔股票入手，於是就到書店買了一本財經雜誌，從書中隨便找一檔低股價，且在自己預算範圍內的股票買進，之後每天盯著盤勢看股價變化，但不曾做過功課的我，每天看股價變動完全不知其所以然，只覺得帳面若是紅字就能獲利很神奇。這檔股票買進後的隔週就賣掉出場，投資報酬率約 10%，實際獲利 3 千多元，讓我解鎖第一次投資股市就獲利的成就。

這次的獲利經驗讓我信心大增，於是又從雜誌中挑選某一檔標的，再次投入兩個星期後出場，獲利 5 千多元，投資報酬率約 13%，當月就多了約 9 千元的額外收入。後來依循著看財經雜誌選股的模式，陸續又挑了幾檔股票接連投入，大約都能在獲利 10% ～ 20% 落袋為安，四個多月的時間總共獲利 3 萬多元，當時覺得股市真是一個容易賺錢的好地方！

▶ 透過閱讀增加財經知識

有了這一段美好的投資經驗，我更有信心投入更多資金在台股，但選股卻成為困擾。心裡想著總不能一直在報章雜誌、財經節目中尋找投資標的，於是決定開始充實財經知識，透過大量的閱讀投資書籍，並且多看財經新聞與雜誌了解產業趨勢，除了給自己多一點值得投資的個股資訊，也試著找到可以判斷股市多空轉折的方式。

記得當時看了不少股市相關書籍，以及很多人分享自己的股市致富故事，最常見的就是利用技術線型來判斷股票買賣時間，每年平均有 20% ～ 50% 的投資報酬率。許多書中都有舉出股票透過 K 線買賣的範例，加上包括均線、KD 指標、MACD、布林通道等技術指標的輔助，看起來是一個可行的投資方式，想著若是學會技術指標選股，也可能使每年的投資報酬率達 30% 以上。

既然有了投資方式，那就來試算需要有多少存款才可以不用工作。常常聽到財經專家說：「在台股市場中，很容易找到殖利率 5% 的定存股，投入 1,000 萬元本金就可以年領 50 萬元的現金股利。」那如果想要每年有 150 萬元的生活費，反推之後所需本

金就是 3,000 萬元。現在讓我們來試算如何在最短的時間內，獲得 3,000 萬元的股市資產，如此就能達到財富自由了。

● 人因夢想而偉大

透過表 1-1 的試算，以目前 150 萬元本金開始，加上每年投入 30 萬元進股市，用預估最低每年報酬率 20% 計算，大約 12 年後就可以累積到 3,030 萬元，達到財富自由的目標。依照書中的方式，運用報酬率 20% 推估還算保守，如果遇到市場行情大好，可將報酬率提高到 25%，那麼只要十年就能達到 2,993 萬元，若是報酬率 30% 就能以 9 年的時間達到 3,316 萬元。以我現在 30 歲開始投資，大概 42 歲時就能達到 3,000 萬元的資產並且財富自由了，這一切真的是太棒了，只要訂好目標，就開始擬訂執行計畫！

表 1-1：達到 3,000 萬元財務自由本金試算表

〔設定目標〕**1.** 投資報酬率（％）：20％、25％、30％
　　　　　　2. 現在本金：1,500,000 元；　**3.** 每年存款：300,000 元

年份	年齡	年初金額（元）	年底金額 (20%)	年底金額 (25%)	年底金額 (30%)
	30	1,500,000	1,800,000	1,875,000	1,950,000
1	31	2,100,000	2,520,000	2,718,750	2,925,000
2	32	2,820,000	3,384,000	3,773,438	4,192,500
3	33	3,684,000	4,420,800	5,091,797	5,840,250
4	34	4,720,800	5,664,960	6,739,746	7,982,325
5	35	5,964,960	7,157,952	8,799,683	10,767,023
6	36	7,457,952	8,949,542	11,374,603	14,387,129
7	37	9,249,542	11,099,451	14,593,254	19,093,268
8	38	11,399,451	13,679,341	18,616,568	25,211,248
9	39	13,979,341	16,775,209	23,645,710	33,164,623
10	40	17,075,209	20,490,251	29,932,137	43,504,010
11	41	20,790,251	24,948,301	37,790,171	56,945,213
12	42	25,248,301	30,297,962	47,612,714	74,418,777

製表／雨果

勇敢踏出第一步

　　我當時閱讀了許多書，心想既然只要學會書中的投資技巧就可以每年獲利 20% 以上，那就把常見的技術指標學會並熟練，按照計畫執行應該就就能達到目標。投資書籍中較常見也較有參考價值的技術分析，包括 K 線型態與均線、KD 指標、布林通道等，以下簡單介紹如何運用技術指標，判斷股市進出場訊號。

▶ K 線型態

　　所謂的 K 線，是指每天的股價開盤、收盤的漲跌幅變化，如果從開盤就一路往上漲，一直到收盤時股價收在最高點，K 線就會呈現一根長紅棒，這表示該檔個股漲勢強勁，買盤不斷進駐，大家都看好這檔股票。

　　如果是盤中漲到高點後開始回落，收盤時的股價無法超過盤中的高點，就會呈現紅棒有上影線的型態，這表示盤中有小幅賣壓；

表 1-2：各種 K 線型態

K 棒	型態	K 棒	型態
	長紅棒		長上下影線小紅
	長黑棒		長上下影線小黑
	紅棒有下影線	╋	小十字線
	黑棒有下影線	╋	長腳十字線
	紅棒有上影線	─	一字線
	黑棒有上影線	┳	T 字線
	紅棒有上下影線	┴	倒 T 字線
	黑棒有上下影線		

製表／雨果

若上影線很長而紅棒很短，則表示賣壓很大，股價上漲可能有很大的壓力。其他類型的 K 線型態列在表 1-2，大家可自行研究其他K 線型態的涵義。

想買到好股票，光看 K 線型態完全不夠，畢竟一天的 K 線型態只能代表當天買賣雙方的強弱勢，若要看出未來股價的走向趨勢，則需要看過去一段時間以來的 K 線型態變化再加以分析。這時就需要利用平均線，也就是找出過去一段期間的股價平均值，最常使用的就是 5 日均線（又稱週線）、20 日均線（又稱月線）、60 日均線（又稱季線）、240 日均線（又稱年線），我們可以利用這幾條均線與 K 線型態的關係，判斷未來的股價走勢。

以圖 1-1 的台積電（2330）K 線圖為例，在區間一的部分，可以看到週線、雙週線、月線，與當時的股價糾結在一起，股價並無明顯變化，簡單來說，在這段期間買進台積電（2330）的持有成本都差不多，一直到連季線也相互糾結時，就是盤整階段等待突破的盤勢。到了區間二，股價突破盤整區間，週線也突破雙週線、月線與季線，帶動股市往上走了一個波段。

再來看區間三中的週線與月線再次與股價糾纏，然後股價再次

圖 1-1：2020/08 至 2021/05 的台積電（2330）K 線圖表現

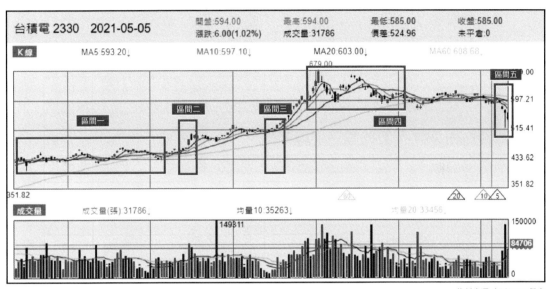

資料來源／ PChome 股市

突破趨勢線，又帶來一段漲幅，從大約 520 元漲到 679 元。接著，區間四算是標準的 M 字頭部形成，左方第一次股價回測月線有撐住，股價碰到月線即反彈，但反彈後的股價並未超過前一波高點 679 元便開始下跌，而且週線還跌破月線，股價的上升走勢暫時算是結束了。之後股價又呈現盤整，週線、月線、季線開始再度糾結在一起，但所有均線都在季線之下，直到區間五季線開始下彎，而且發生股價大跌並貫穿週線，甚至跌破了前次低點，代表台積電（2330）的股價正式走向空方。

▶ KD 指標

　　光看一個 K 線型態與均線指標可能不夠有把握股價的表現，我們可以透過其他指標的輔助，而最簡單的判斷指標就是「KD 指標」。KD 指標是利用計算出的 RSV 值，再計算出 K 值與 D 值，透過這兩條線交錯的關係，以其數字、高低位置、死亡交叉、黃金交叉等狀態，當作進出場的參考依據。整體來說，當 KD 數值越高，代表個股的收盤價會接近最近幾天的最高價，反之若 KD 數值越低，則代表個股的收盤價會接近最近幾天的最低價。

　　KD 指標的判斷方式很簡單，當 K 值大於 80，代表股價表現較為強勢，有可能繼續保持強勢上漲；當 K 值小於 20，表示股價可能較為弱勢，有可能保持弱勢繼續下跌。**KD 值雖然會往同一方向發展，但兩者之間會出現互相交叉的情況，當 K 值從低檔往上突破 D 值的時候，稱為「黃金交叉」，股價短期有可能從低檔轉折向上漲，反之，當 K 值從高檔往下跌破 D 值時，稱為「死亡交叉」，股價短期有可能從高檔轉折向下跌。**

　　基本的買賣訊號判斷方式，當 K 值低於 20 並且反轉突破 D 值時，表示股價走勢轉強可以買進；若 K 值超過 80 並且反轉跌破 D

圖 1-2：2020/08 至 2021/05 的台積電（2330）KD 指標圖表現

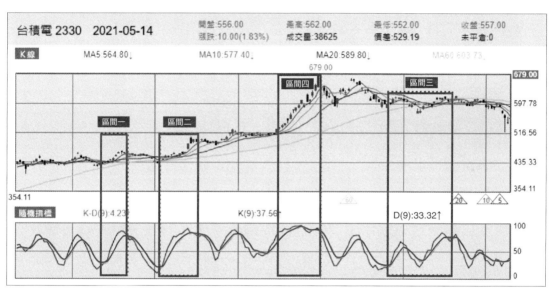

資料來源／ PChome 股市

值時，表示股價走弱可以將持股賣出。從圖 1-2 台積電（2330）在同一段時間的 KD 指標來看，區間一與區間二是符合 KD 指標買賣訊號的部分，確實可以賺到一點價差，可是在區間二賣掉持股之後，後面區間四的一大段漲幅就全部錯過了，而區間三的買賣更是沒有利潤。

由此圖可以發現，KD 指標似乎比較適合做短期的交易操作，當股市走大多頭的時候，很容易錯過一大段上漲行情。在區間四

也顯示出 KD 值在高檔鈍化的現象，K 值明明已經跌破 D 值，但股價之後還是反轉繼續上漲創新高，這點也是 KD 指標無法克服的部分，股價走勢下跌時同樣也會有低檔鈍化的情形發生。在使用 KD 指標判斷時，必須要了解其特性與限制。

▶ 布林通道

布林通道是由一條移動平均線和兩條上下標準差線組成，上線稱為「壓力線」，下線又稱為「支撐線」，布林通道利用這 3 條線來顯示股價的安全區域，當近期股價波動大，標準差就會較大，布林通道範圍就會顯示較寬；當近期股價波動較小，標準差就會較小，布林通道範圍就會比較窄。

布林通道的買賣操作方式有兩種，一種是相信股價會在通道的壓力線與支撐線之間徘徊，所以當股價觸及支撐線時即表示股價來到近期低檔，可以買進，反之，若股價觸及壓力線時即表示股價來到近期高檔應該賣出，此方法的應用時機是當股價在盤整區間之時。參考圖 1-3 台積電（2330）的區間一，中間這條移動平均線（MA）幾乎持平，壓力線（UB）、支撐線（LB）上下兩條線偏窄，就可以在股價接近支撐線的時候買進，上漲碰到壓力線時賣出。

圖 1-3：2020/08 至 2021/05 的台積電（2330）布林通道指標表現

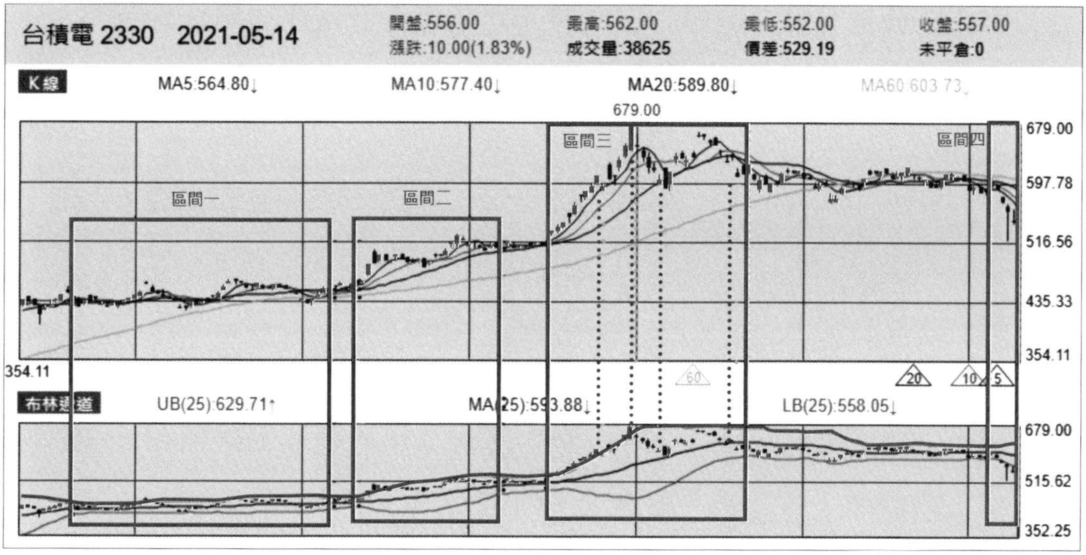

資料來源／PChome 股市

但須留意區間四的情況，若上下兩條線開始擴大，代表股價波動變大了，在接觸到支撐線時就不該再買進，因為跌幅可能會繼續擴大，但在接觸到壓力線時就先不用賣出，因為漲幅可能會繼續擴大。

另一種方式是在股價趨勢發生變化時買賣，看到區間二的部分，在區間一盤整時不會買進，當上下線開始擴大產生新的趨勢方向時，若是突破壓力線則買進，若跌破支撐線可考慮放空。至於賣出訊號有幾種標準，一種是當股價跌破壓力線時就賣出，也

有人是等連續 2 ～ 3 天都低於壓力線時賣出，還有人是等到股價回到或甚至是跌破移動平均線時才會賣出，這取決於個人想做的波段長短。

　　區間三的部分是一個標準範例，左方突破壓力線時買進價 549元（以收盤價為準），達到第一次跌破壓力線時賣出的價格 592 元，若這次沒有賣出，等到第二次跌破壓力線時賣出的價格為 649 元。若是等到股價跌到接近均線時才賣出，這時候賣出的股價為 591元，之後跌破均線才賣出的股價為 606 元。你需要先決定好自己的出場標準，而且上述範例也不代表使用「第二次跌破壓力線時賣出」，或是「跌破均線才賣出」的方式可以賣到比較好的價位。

　　如果是採用第一種操作方式，在區間三的一開始股價 536 元觸及壓力線，或在 549 元突破壓力線時就會賣出，完全無法受惠後續股價上升階段的獲利，所以要採用哪一種操作方式需要先決定清楚。以上僅是部分技術線型的基本概念介紹，想要更深入了解研究的人，可自行搜尋網路資訊或參閱相關書籍。

 # 慘逢金融海嘯

　　我在短時間內研讀好幾本投資理財書籍，並整理多位投資大師的操作方式與技巧，更實際套用幾檔個股的歷史股價趨勢進行回測，發覺有些情況運用均線進出場非常準確；有些情況使用布林通道可以賺到一整段的漲幅；有些時候則配合 KD 指標能避免突然的崩跌，但就是找不到一檔股票可以全部適用所有的技術指標，或許不同的個股有不同的特性，需要找到適合的指標進行套用。

　　2007 年，LED、面板、綠能等類股是當時最熱門的產業，無論是新聞或是報章雜誌都可常常聽到相關報導，而且股價也處於上漲狀態，所以我就從這些熱門產業中挑選較知名的公司投資，並套用先前研究的技術分析指標進行買股。剛開始操作上頗為順利，就算買進時碰到幾天下跌，之後很快也會漲回去，連續幾次買賣都有 20% 以上的投資報酬率，於是開始增加投入的本金與持股檔數，當時最多持股達 7 ～ 8 檔，甚至開立融資資格，想著這樣就能讓手上資金創造更高的獲利。

但好景不常，2007 年中碰上一波大盤回檔，當時帳面瞬間變成虧損，於是趕緊出脫一半的持股，但很快的大盤又漲上去了，我想這個情況應該就是信心不足而被割掉的韭菜（散戶）。於是又重新加碼買進，這次更用融資擴大資金比例，但不幸的在 2007 年 11 月又碰到一次大回檔，這次我告訴自己必須要有信心，不能再像前一次一樣被洗出市場，於是沒有賣出股票，結果這次大盤回檔跌到 2008 年 1 月才止住跌勢。

▶ 面對股市不能只靠「期待」

第一次遇到這樣的情況，我的信心開始動搖，正猶豫著該不該認賠殺出時，2 月股市又再度回漲，讓帳面的虧損開始縮小。於是我又慶幸還好沒有認賠賣掉股票，並且趁此時再加碼攤平成本，期待後續漲幅可以擴大獲利。直到 2008 年 6 月，股市又再度發生大幅回檔，有了前一次經驗，我更有信心要抱好持股，等到下一次股市開始上漲時再來加碼。但這次大盤跌到 8 月才回穩，感覺應該止住跌勢了，於是開始加碼買進股票以攤平成本。不過這次和以前不一樣，我的資金在 2008 年 8 月幾乎全部投入股市，但 9 月卻出現更大的跌幅，一路跌到 12 月才止穩，在 11 月時虧損已超過 60%，當時各種金融災情不斷出現，股市跌得又驚又猛，後

來陸續出脫手上大部分持股。老實說，當時的心情已經是萬念俱灰，根本不覺得股市會在短期內回漲，與其把資金套牢在股市，擔心害怕後面會繼續跌，不如把股票賣掉換成現金，至少放銀行還能有微薄的利息可以領。

經過一段投資黑暗期，時間來到 2009 年 3 月，大盤開始反轉回漲，這時候手上沒有持股只有現金，之前賣出股票已認賠近百萬元，這時候的回漲並沒有任何幫助。當時認為這又會跟之前一樣只是短期反彈，肯定還會再下跌一次做出一個 W 底部，在那之後再來買進股票好了。於是台股就從 3 月開始一路漲到 5 月，漲幅將近八成，而我一直都沒有等到那第二隻腳，而且從此之後大盤指數就一路上漲，此後的 3 年內都沒有再跌破 2009 年 6 月的低點，迎來的是一個長達 3 年的多頭行情。

事後回過頭來看，我在金融海嘯這段期間的表現，就是一個標準散戶心態，完全展現了人性的一面，就算技術指標已經顯示該賣出股票，礙於不想實現帳上虧損的心態，又有之前凹單撐到股市回漲的經驗，不想虧損的人性驅使我認為之後一定會漲回來，於是拋棄了之前所學的技術分析進出場原則，用「期待」面對股市變化，下場當然是被市場狠狠教訓一番。

計畫永遠趕不上變化

在我的投資生涯中，遇到如 2008 年的金融海嘯是一種幸運，也是一種不幸，不幸的是這場股災讓我損失超過六成的本金，不過幸運的是在進入股市的第一年就碰上大股災，好險本金僅有 100 多萬元，如果當時的本金是 1,000 萬元，那麼虧損就相當驚人了。**從這次慘痛的經驗之後，領悟到人性的弱點，我告訴自己必須要克服人性的貪婪與恐懼，更要依據客觀的數據與進出場條件進行股票操作，如此，這筆百萬元的損失也算是值得了，讓我上了深刻的一課。**

從這次虧損的經驗從中發現，先前所投資的某幾家公司，在金融海嘯之後，股價就一去不復返了，特別是那些前一年非常熱門的 LED 與綠能類股，所以就算是運用技術分析指標操作，也要避免買到體質不好的公司。為了避免將來買到這種一去不回頭的股票，研究產業趨勢與公司財報似乎有其重要性，於是，我決定開始深入研究財報與基本面分析，了解公司的每股盈餘（EPS）、本

益比（P/E）、淨值比（P/B）、股東權益報酬率（ROE）、自由現金流（Free Cashflow）等基本面分析指標。為了能真正了解基本面分析的專業知識，也特別找課程學習更深入的三大公司財務報表與其代表的意義。

相信投資股票若能先掌握公司基本面，避免買到地雷股，再加上透過技術分析找出短期股價的漲跌趨勢，應該就可以有更高的勝率，這是我當時內心的想法。3,000 萬元退休金計畫已經因金融海嘯被迫延後一年了，而且還賠掉原始本金，不得不把計畫中的財務自由時間往後遞延，並且要更謹慎小心投資，維持每年超過 20% 的投資報酬率。

▶ 結果總是不如預期

「計畫總是理想的，而現實卻是殘酷的」，後續幾年的投資過程偶爾有達到獲利 30% 以上的績效，但是也有不少虧損 20% ～ 30% 的紀錄，整年累計的投資績效大概就只有正負 10% 的報酬率，而且這還只是投資金額的 10%，不是總資產的 10%，相較於總資產可能只有 5% 的正負報酬率。除了股票之外，我也嘗試操作指數選擇權，以賣買權為主，投入本金控制在 100 萬元內，有時一個

月可以獲利 7、8 萬元，運氣好時甚至能獲利超過 20 萬元，但只要碰上一次站錯方向又凹單，就一次虧損 20 ～ 30 萬元，結算整年的獲利總計不到 10 萬元。

經過多年的投資經驗，發現投資報酬率都無法達到計畫的每年 20% 以上的目標，過程中反覆碰到技術指標失效的經驗，而用基本面分析的投資方式也難以順利獲利，且要達到每年 20% 以上投報率的機率也相當低，雖然不斷嘗試尋找更好用的投資方法，甚至在 2015 年開始投資美股，可是實際執行後總不如想像中的順利，就這樣，我的 12 年 3,000 萬元退休金計畫在此可說正式宣告失敗了。但失敗了沒關係，雖然付出不少時間和金錢，但是只要找到方向就永遠都不嫌晚，調整腳步並找到適合自己的標地更為重要。

雨果的 理財小語

人性總有弱點，必須克服人性的貪婪與恐懼，還要依據客觀的數據與進出場條件進行操作，這是我花了百萬學費才得到的教訓。

韭菜們看過來，個股投資的四個經驗法則

　　從 2007 年到 2017 年的整整十年時間，我用了許多投資理財書中介紹的技術分析與基本面分析的投資方法，從不曾有過一年獲利超過 20% 的績效。與股市同好在閒聊投資經驗與想法時，發覺很多人也都有相同的經驗，或許某幾年在股市大賺幾十萬元，但又會在某幾年全部賠光，在長達十幾年的投資生涯中根本沒有真正獲利，這還是相對較好的情況，有好幾個朋友是投資十幾年虧損了好幾百萬元，反倒是在房地產投資賺進好幾百萬元。我們的投資方式都差不多，只是選股方式與投資標的不一樣，但結果似乎都一樣，用了十幾年的時間在股票市場做白工。

　　前兩年與幾位認識 20 幾年的高中同學聚餐，席間大家聊到股票投資，有人分享在台股投資 20 年的結果，把每年的獲利盈虧統計加總之後，發現這 20 年根本沒有賺到錢。他報明牌給朋友的個股，別人常常賺錢，但自己操作時又克服不了貪心，總是賠錢收場，所以近期考慮購買公司債穩穩領利息。另一位同學也是在台

股虧損超過 500 萬元，但他早年在台北市買進的房產，與後來到中國大陸工作在當地購屋，幫他賺進上千萬元，真可說是「股場失意，房地產得意」。

有位朋友約在 6 年前開始投資美股，或許是適逢美股長期多頭，他投資好多檔股票，其中 5、6 檔股票都獲利翻倍，其他也都有獲利逾 50% 的成績，賺了好幾百萬元。但他也明白這只是一時運氣好，不認為這種檔檔翻倍的情況可以一直持續，所以也開始採用 ETF 指數被動投資方式做資產配置，在個股投資與 ETF 之間調整資金比例。

一位曾任職營業員的好友，習慣做短線當沖的操作，還會利用軟體程式自動買賣，每天都需要戰戰兢兢的看盤操作，長年在股市當衝鋒隊，年獲利約 15% ～ 20%。不過這兩年也同時改變了投資方法，將手中個股持有的時間拉長到幾週甚至幾個月，他認為年近退休之際，這樣操作比較輕鬆，同樣可以獲利 20% 以上，不想每天在市場衝衝衝做極短線操作。

● 散戶總有一天當韭菜
看到這裡你還是對投資個股信心滿滿，但如果這個方式真的這

麼好，為什麼大家都要重新配置自己的資產分配呢？因為運氣不可能永遠站在你這邊。除非你有相當好的手氣或是獨特眼光和方法，否則飆漲股總有人會接到最後一棒，大部分的散戶都有當韭菜被割的那一天。

▶ 經驗法則1　過度頻繁交易無法持久

有個相當年輕的朋友算是一個經典案例，從學生時期開始接觸股市，先學會技術線型之後就開始買賣個股，越操作越有興趣，於是做起當日沖與融資，巔峰時期每個月的交易金額超過千萬元。但兩年後，他改做價值投資，研究各家的現金股利，並在一次投資機會中把資產翻了一倍。近幾年他也投資美國股市，但不是操作個股買賣，而是透過美股投資某幾個國家的指數股票型基金（ETF），並針對其配息殖利率做高低檔買賣的參考依據。

從一個極短線的投機交易者轉變為極保守的投資者，我問他為什麼有這麼大的轉變，他回答：「以前年輕覺得當沖很刺激，連學校火警警報響了都還不能跑，因為賣單還沒下完，但後來覺得這樣無時無刻繃緊神經的投資生活實在太累人，不如放著等股價漲一個波段的操作比較輕鬆。」現在資金也大了許多，無法再像之

前那樣短線操作，靠配息與偶爾做股價波段價差操作，也能帶來很好的收益，不需要這麼疲累，頻繁交易這件事情是無法長久的。

看出這些案例的共同點了嗎？大家的股市投資方式都是越來越保守，交易頻率也越來越少，因為從他們十多年的投資經歷來看，少量的投資頻率才是適合大部分投資人長期操作的方式。

▶ 經驗法則2 技術分析無法預測未來走勢

過去所學的技術分析都有一個共通問題，就是同一套方法無法完全套用在每一檔個股與每一次的機會。有時候 K 線型態突破前波高點確實帶來一波漲幅，但有時卻是假突破，在股價突破前波高點後就開始長期的下跌，困難的是根本無從得知哪一次是真突破、哪一次是假突破，專家最後的建議是，如果看錯就一定要停損出場。

● 難以克服「不想虧損」的心態

但問題在於，人難以克服人性的貪婪與懼怕實現虧損的心態。譬如利用布林通道操作，在股價突破壓力線後買進，隔天就跌破壓力線，原本預設的賣出條件就是短線作，在跌破壓力線就賣出，可是才買進一天，帳戶都還沒有扣款就要實現虧損，實在難以接

受，於是調整賣出條件，再多觀望一天看看。無奈隔天股價又繼續下跌，於是又調整進出場標準，變成跌破平均線再賣出，結果就是越賠越多。人性就是不喜歡認錯，並不斷給自己找理由，希望情況可以反轉，滿足預期的結果。

▶ 經驗法則 3 基本面好未必跟股價有關

我曾試著投資基本面好、公司每年獲利與配發股利穩定，而且財報面也很安全，不會是地雷股的小公司。但碰到的情況是：基本面好但交易量少的公司，股價可能好幾年都不動如山，必須要非常有耐心等待，不知道一般投資人可以等上幾年。或許等了 3 年後股價終於開始上漲，但是只漲了 30% 就停止或是賣掉出場，那麼這 3 年的投資年化報酬率等於不到 10%。而且一直苦等下去也不保證股價就會漲，幾年後有可能公司營運碰到新的問題，反而導致股價下跌，這時損失的不只是本金，還有這幾年的等待時間，唯一比較有把握的獲利就只有每年配發的現金股利。

● 何謂「合理的股價」？

還有一個常見問題是，你等不到可以買進的時候。使用基本面分析的投資方式，需要等到股價低於自己估算的合理價時才會買

進，但每個人估算的合理價格都不一樣，有的人是用 EPS 與本益比推算，有的人是以過去幾年的平均現金股利均值，當作未來也會領到同樣的現金股利，然後再去推算現金股利折現後的價值來推估合理價，其實根本沒有一個穩賺的標準答案。而且當股市處於多頭行情時，股價通常都會比推算的合理價高，只有等到突如其來的大崩盤，才有機會買到低於估算的合理價，而這個等待的時間可能長達 5 年以上，難道手中的資金在這段時間都不做其他投資嗎？

況且，**基本面分析同樣是研究公司過去的經營績效與財報數字，這些資訊也無法代表公司未來的表現**。你只能證明這家公司的經營高層過去幾年把公司管理的很好，營運獲利穩定，未來有很高的機會也會維持獲利績效。但只要發生產業面的變動，譬如新科技的出現、商業模式的轉變或是公司業外投資的失敗，就會影響公司營運績效。我們很難用過去的財報推算未來公司的 EPS、現金股利或新業務拓展可為公司帶來多少 EPS 貢獻，這些大部分都是依靠臆測與推估，而且連老闆都無法確定未來 2 ～ 3 年公司的業績表現，外部投資人又怎麼可能會知道呢？

▶ 經驗法則 4 每檔股票投入資金比例不高

不管是運用技術分析或基本面分析，都會有成功與失敗的時候，累積一段時間的投資經驗，大多數人都會開始採取分散風險策略，因為擔心自己的判斷預估錯誤。所以會訂下一檔股票不要超過多少比例的資金，而且要將標的分散到不同產業，並且買股時要將資金分批進場，以免判斷錯誤造成虧損擴大。

有趣的地方在於，每檔股票都被設定不能超過例如 10% 的資金，每一次還要將資金分成 3 筆投入，等於每一次投資決定只會占投資資產比例的 3.3%。如果不幸買到下跌的股票，虧損 10% 停損，你的該筆投資只損失總資產的 0.33%。同樣的，如果順利加碼投入 3 筆資金，並在最後獲得累計 20% 的報酬率，你的該筆投資只讓總資產增加了 2%。然後可能還要保留三成的現金預備在遇到大跌時的加碼。所以用盡心思投資的 7 檔股票就算全部都獲利 20% 賣出，總資產也只有 14% 增幅。

想要一年超過 20% 的投資報酬率，你必須要在一年內買賣超過 10 檔股票，而且全部都要獲利 20% 出場。相信有投資經驗的人都知道這是不可能的任務。讓我們務實又帶點樂觀的考量，假設

投資的勝率超過 50%，比跟在賭場賭大小略高一點，每檔股票都能賺到總資產的 2% 就停利出場，然後，每檔股票控制在總資產的 0.5% 就停損，每次買進 7 檔股票會賺 4 檔、虧 3 檔。因本金會因為獲利不斷放大，獲利與虧損都會等比例放大，如此推算一年需要買賣超過 21 檔股票才有機會整年獲利 20%，你可以想像這要花費多少時間與精力才能達成嗎？

● 你花費的「時間成本」值得嗎？

聰明的你應該可以發現，我過去使用的投資方法問題有多大的盲點了，第一是需要花很多時間研究分析公司基本面，第二是需要每天看盤關注每日股價走勢，第三則是以上花這麼多時間還不保證能夠賺錢，最後就算該檔股票賺錢了，因為分散資金與風險的關係，每一次成功獲利出場都只幫自己的總資產增加一點點進帳而已。這時應該要問問自己，這個方式真的可行嗎？我的勝率能維持都超過 50% 嗎？<u>我要在未來的十幾年都過這樣的投資生活嗎？就算達到計畫的退休金金額了，之後還想要繼續以這個方式投資股市嗎？我的退休生活不該是整天關注股市走勢！</u>

▶ 重建財務自由計畫

自 2017 年起我開始注意越來越熱門的指數投資，透過被動式的指數型 ETF 投資方式與資產配置累積退休金，根據 ETF 歷史數據回推，年化報酬率可以達到 7% ～ 10%，根據投資的國家與市場不同而有所差異。於是我花了一些時間研究相關資訊，用放大鏡檢視這一套投資方式的可行性，而這些資訊也成功說服我，認為這是每一個投資人應該優先採用的基礎投資方式，這也是本書中想要與讀者分享的投資方式。

● 不需要常看盤，也無須研究基本面

假使從十年前開始運用這個投資方法累積資產，十年後的本金也至少翻倍了，也不至於平白浪費十年的時間，而且還不需要時常看盤，不需要研究公司基本面。更重要的是，不需要保留三成的現金預備加碼，可以完全將閒置的資金投入股市。既然過去十年已經證明以前學的那一套不適用，我就需要用新的方法重新投入股市，並重建退休與財務自由計畫，在完全了解後我就立即採取行動了，這幾年下來根據所累積的獲利，我的結論和預估依然是不變，反而比預期的更樂觀。

這個投資方式真的能存下退休金嗎？我認為這是相當合理也符合邏輯，雖然無法在短時間內致富或達到退休目標，但只要盡早開始執行，想要在退休年限前累積到合理退休金的目標絕對可行。同時，想藉由這本書透過相當白話且容易理解的方式說明，希望各位讀者能逐步了解投資各面向的緣由，進而建立一套真正可行的「理財心法」。

雨果的 理財小語

　　基本面分析同樣是研究一個公司過去的經營績效與財報數字，這些資訊都是過去，無法完全代表公司未來的表現。

40 歲開始
存退休金不嫌晚

　　相信大家都聽過投資理財、存退休金，一定是越早開始越好，用時間的複利讓錢滾錢，但我現在已經超過 40 歲了，想從頭開始累積退休金是否來得及？透過表 1-3 解釋不同年齡開始存錢的差別，舉例來說，設定目標 65 歲退休，退休金要達到 2,000 萬元，每年投入年化報酬率 7% 的資產配置中，從 25 歲開始到 55 歲的差別。

　　如果目標是在 65 歲的時候累積到 2,000 萬元的退休金，你可以選擇從 25 歲開始，在未來的 40 年中，每年都投入 93,628 元，相當於每個月 7,802 元，每個月只要不到 8 千元就可以達成。如果是 35 歲才開始，每年投資金額就要提高到 197,876 元，相當於每個月 16,490 元。45 歲開始就要增加到每年 455,942 元，每個月則是 37,995 元，55 歲開始則需要 1,352,850 元，那每個月就要投入 112,738 元。每晚十年金額就需要增加快一倍，但到了 55 歲才要準備退休金，每個月金額就要比 45 歲時多增加近 3 倍。

表 1-3：不同年齡開始存退休金的每期資金需求

〔設定目標〕**1.** 退休年齡：65 歲；**2.** 年化報酬率：7%；**3.** 退休金目標：2000 萬

起始年齡	方法 ① 每年需投資金額（元）	方法 ② 第一年單筆投資金額（元）
25 歲	93,628	1,335,608
35 歲	197,876	2,627,342
45 歲	455,942	5,168,380
55 歲	1,352,850	10,166,986

◉ 試算表格下載請至 P239

製表／雨果

雨果的理財小教室

表 1-3 演算公式：

方法①：以 25 歲開始，至 65 歲達到 2,000 萬元為例，演算公式為：

年末資產 ＝（年初資產 ＋ 93,628）x（1+7%）

從 25 的年末總資產為：25 歲（93,628 x 1.07 ^（65-25））+ 26 歲（93,628 x 1.07 ^（65-26））+ 27 歲（93,628 x 1.07 ^（65-27））⋯ + 64 歲（93,628 x 1.07 ^（65-64））。

方法②：第一年單筆投資金額為：

年終目標資產 /（1+ 報酬率）^（投資年限）

以 25 歲為例，20,000,000 / 1.07 ^ (65-25) = 1,335,608。以 45 歲為例，20,000,000 / 1.07 ^ (65-45) = 5,168,380。

＊「^」為 Excel 裡次方的運算符號

　　或是換個另一個方法 ❷，在 25 歲可以一次投資一筆約 133 萬元的資金到年化報酬率 7% 的投資組合中，之後就不需要再投入任何一毛錢，65 歲時一樣可以達到 2,000 萬元；35 歲投入就要準備約 260 萬元，到 45 歲就要 520 萬元，而 55 歲就要準備 1,020 萬元，每晚十年就需要準備多一倍的資金，所以準備退休金真的要趁早開始。

▶ 現實生活的殘酷舞台

　　不過現實生活並不是一直往上累積資產的線性發展，人的收入會增加或減少，甚至可能失業，有些人會結婚成家、養育小孩；有些人則有長輩要奉養，或有出國進修的計畫。一般人可以好好存錢的時間大多是在剛出社會一直到結婚前，如果不要花費太多在奢侈享受的生活上，這時候是人生最沒有負擔，可以自己決定花費的時候。一旦結婚進入家庭，你就有更多的花費考量，買房或養育小孩更是一大筆固定支出，一直到小孩長大就業了，才會比較有餘裕準備退休金。

　　以前的結婚年齡大多在 25 歲上下，等到小孩畢業開始進入職場時，父母的年紀大約 45 歲左右，還有 20 年的時間可以準備退

休金，而且那個時候的收入也比剛出社會時高。但現代人大多晚婚，平均在 30 歲以後才結婚，小孩大學畢業時，爸媽的年紀可能都已經 55 歲了，而且小孩的負擔結束後，可能接著要負擔年邁父母的生活與醫療，這時候才要開始準備退休金就會變得非常困難。

但想要年輕人從 25 歲就開始存退休金也是一件困難的事情，因為剛出社會正打算要一展鴻圖，誰會未雨綢繆去想退休的事情，更何況青春無敵，總想談戀愛，想出國旅遊增廣見聞，享受豐富的人生，能有多少人會在剛出社會時就開始認真存錢，為退休做打算。

● 投資自己，增加本業收入

人生也並非是為了準備退休而活著，在 25 ～ 35 歲的時期，應該要好好規劃生活，也規劃收入與花費，在享受生活的同時，更要不斷進修累積自己的實力，讓本業工作收入增加。這個時期每個月可以強迫自己固定存下一定比例的薪資做為投資本金，雖然金額可能不高，一旦習慣養成，對將來的退休理財計畫會有很大的幫助。

結婚成家有了小孩之後，花費相對增加，有可能會有好一段時間都無法存錢，這時候也不用過度擔心，把這個階段性的任務做

表 1-4：25 歲開始儲蓄，35-44 歲停止，
45 重新開始存退休金

年齡區間	每年需投資金額（元）	累積報酬（元）
25 ～ 34 歲	120,000	1,774,032
35 ～ 44 歲	0	3,489,790
45 ～ 54 歲	120,000	8,402,919
55 ～ 64 歲	251,163	20,000,000

製表／雨果

好就好，小孩進入國小後的花費可能會降低，希望此時的你尚未
45 歲，這時候就一定要開始進行存錢計畫了。如果到了 50 歲才開
始準備退休金，時間複利優勢已經不在我們這邊，而要運用的就
只有薪資了，用可以存下的高比例本金來彌補時間的不足。透過
表 1-4 的整理，重新調整存退休金的計畫。

假設在 25 ～ 35 歲之間每年存下 12 萬元，相當於每月以 1 萬
元進行投資，在年化報酬率 7% 的投資組合下，35 歲時可以累積
到大約 177 萬元，這時候這筆錢繼續放在投資組合裡累積投資報
酬，千萬不能花掉。35 ～ 44 歲期間可能因結婚與養育小孩暫時無

法儲蓄，所以每年投入的金額為 0 元，但原本的投資資金仍繼續在年化報酬率 7% 的投資組合中持續累積，十年後到 45 歲就可以滾出 349 萬元的資金。假設這時收入有增加，小孩的花費也減少了，每個月又可以存下 1 萬元做投資，這時累積投資十年後，55 歲時投資累積的資產可以來到大約 840 萬元。

距離 65 歲退休的目標僅剩十年，我們需要每個月投入多少錢才能達到 65 歲有 2,000 萬元的退休金呢？答案是 20,930 元，或是一年約 25 萬元，相信你看到這數字應該不會覺得是一件很困難的事情，只要早一點開始每個月存下 1 萬元，即使中間中斷十年沒有再投資，最後十年也只需要將投資本金提高到 2 萬元就可以達成目標了。

量身打造你的退休金試算

每個人的開始時間不同，不同年齡開始存退休金，會有什麼樣的差異？你也可以自己試算看看。（請使用電腦下載 Excel 表格，並對照書中的表格編號使用）

表 1-5：25 年累積至 3,000 萬元退休金的可行性

〔設定目標〕**1.** 初始本金：150 萬元；**2.** 每年再投入：30 萬元； **3.** 年化報酬率：8%

年份	年齡	年初金額 (元)	年底金額 (8%)
1	40 歲	1,500,000	1,620,000
2	41 歲	1,920,000	2,073,600
3	42 歲	2,373,600	2,563,488
4	43 歲	2,863,488	3,092,567
5	44 歲	3,392,567	3,663,972
6	45 歲	3,963,972	4,281,090
7	46 歲	4,581,090	4,947,577
8	47 歲	5,247,577	5,667,384
9	48 歲	5,967,384	6,444,774
10	49 歲	6,744,774	7,284,356
11	50 歲	7,584,356	8,191,105
12	51 歲	8,491,105	9,170,393
13	52 歲	9,470,393	10,228,025
14	53 歲	10,528,025	11,370,267
15	54 歲	11,670,267	12,603,888
16	55 歲	12,903,888	13,936,199
17	56 歲	14,236,199	15,375,095
18	57 歲	15,675,095	16,929,102
19	58 歲	17,229,102	18,607,431
20	59 歲	18,907,431	20,420,025
21	60 歲	20,720,025	22,377,627
22	61 歲	22,677,627	24,491,837
23	62 歲	24,791,837	26,775,184
24	63 歲	27,075,184	29,241,199
25	64 歲	29,541,199	31,904,495

◉ 試算表格下載請至 P239

製表／雨果

▶ 找出可行的 3,000 萬元退休金計畫

回到我的退休金計畫，如果想在 65 歲退休年齡時累積到 3,000 萬元的退休金，從 40 歲開始只有 25 年的時間，是否還可行？現在讓我們來試算，初始投資本金約 150 萬元，預計每年固定再投入 30 萬元的資金，若能達到年化報酬率 8%，則可以在 25 年後達到 3,190 萬元，剛好還能達到設定的 3,000 萬元的目標，數字請詳見表 1-5。

年化報酬率 8% 會不會太高估呢？前面提到利用被動指數型 ETF 進行股債配置的投資方式，用歷史數據回推可以達到年化報酬率 7% ～ 10% 的水準，即使僅投資台灣 50（0050），根據 Money DJ 的統計指出，從台灣 50（0050）成立以來到 2021 年初的年化報酬率也有 11%，若是從 2008 年開始定期定額投入，到 2018 年的年化報酬率也有 10%，相信用 8% 來推算不至於過度樂觀。

假設年化報酬率不如預期，只達到 6% 的話，25 年後的累積資產也可以來到 2,200 萬元，若運氣好能有 10% 的年化報酬率，25 年後的資產甚至能累積到 4,300 萬元。雖然年化報酬率無法控制，但是我們能控制每年投入的本金、退休的年齡與退休後每年

的生活花費，有了上述的圖表當基準，就可以調整自主控制的部
分了。

● 存到 3,000 萬元，你可以擁有怎樣的退休生活

在 65 歲累積到 3,000 萬元的退休金之後，可以過什麼樣的退
休生活？利用表 1-6 進行試算。試算內容是從 65 歲開始不再投入
資金，每年從投資帳戶提領 120 萬元當生活費，相當於每個月 10
萬元，並且計入每年 2% 的通貨膨脹，所以每年提領的金額都會增
加。扣除提領後的資金還是繼續放在市場進行投資，但因為已經
退休，我們必須降低波動與本金大幅虧損的風險，所以需要調整
資產配置比例，把年化投資報酬率調整到 4%，以降低風險。

請注意，25 年後的 10 萬元並不等於現在的 10 萬元，我們一
樣用 2% 的通貨膨脹率來回推當時的 10 萬元大概的價值，換算成
現在的物價，相當於每個月 6 萬元的生活費，65 歲的時候若每個
月有 6 萬元的收入，應該足以生活了。

到 80 歲時，需要的生活費用就更少了，因為身體健康因素，
也不太可能常常享受大餐或出遊，這時候比較多的支出會是在醫
療與保健費用。

表 1-6：考量 2% 通貨膨脹，3,000 萬元退休金的花費試算

〔設定目標〕**1.** 初始本金：3190 萬元；**2.** 每年提領金額：65-79 歲領 120 萬元，80 歲以後領 100 萬元；**3.** 年化報酬率：4%；**4.** 通貨膨脹率：2%

年度	年齡	年初本金（元）	累計報酬（元）	年末提領金額（元）
1	65 歲	30,704,495	31,932,675	1,224,000
2	66 歲	30,708,675	31,937,022	1,248,480
3	67 歲	30,688,542	31,916,083	1,273,450
4	68 歲	30,642,634	31,868,339	1,298,919
5	69 歲	30,569,421	31,792,197	1,324,897
6	70 歲	30,467,300	31,685,993	1,351,395
7	71 歲	30,334,598	31,547,982	1,378,423
8	72 歲	30,169,559	31,376,341	1,405,991
9	73 歲	29,970,350	31,169,164	1,434,111
10	74 歲	29,735,053	30,924,455	1,462,793
11	75 歲	29,461,662	30,640,128	1,492,049
12	76 歲	29,148,079	30,314,002	1,521,890
13	77 歲	28,792,112	29,943,796	1,552,328
14	78 歲	28,391,468	29,527,127	1,583,375
15	79 歲	27,943,753	29,061,503	1,615,042
16	80 歲	27,446,461	28,544,319	1,372,786
17	81 歲	27,171,533	28,258,395	1,400,241
18	82 歲	26,858,153	27,932,479	1,428,246

年度	年齡	年初本金（元）	累計報酬（元）	年末提領金額（元）
19	83 歲	26,504,233	27,564,402	1,456,811
20	84 歲	26,107,591	27,151,895	1,485,947
21	85 歲	25,665,948	26,692,585	1,515,666
22	86 歲	25,176,919	26,183,996	1,545,980
23	87 歲	24,638,016	25,623,537	1,576,899
24	88 歲	24,046,638	25,008,503	1,608,437
25	89 歲	23,400,066	24,336,068	1,640,606
26	90 歲	22,695,462	23,603,281	1,673,418
27	91 歲	21,929,863	22,807,057	1,706,886
28	92 歲	21,100,171	21,944,178	1,741,024
29	93 歲	20,203,154	21,011,280	1,775,845
30	94 歲	19,235,435	20,004,852	1,811,362
31	95 歲	18,193,491	18,921,230	1,847,589
32	96 歲	17,073,642	17,756,587	1,884,541
33	97 歲	15,872,047	16,506,929	1,922,231
34	98 歲	14,584,697	15,168,085	1,960,676
35	99 歲	13,207,409	13,735,705	1,999,890
36	100 歲	11,735,816	12,205,248	

⊕ 試算表格下載請至 P239

製表／雨果

所以我將每年提領費用降為價值約 65 歲時的 100 萬元，因為計算了 15 年 2% 的通貨膨脹關係，實際提領金額為 137 萬元，約每個月 11.4 萬，但其實際價值約為目前的 37,700 元，你可以看看周遭認識的 80 歲長輩，每月的生活費需要多少錢，相信 3 萬多元的生活費應該足夠應付開銷了。

　　依據前面設定的條件試算退休金使用情況，如表 1-6 中，在 65-79 歲期間，每年都提領價值 65 歲時的 120 萬元，在 80 歲以後，每年都提領價值 65 歲時的 100 萬元，這筆本金讓我可以用到 100 歲時還剩下 1170 多萬元，雖然不知道能否活到 100 歲，但可以確定的是到那時我的退休金還沒有用完，所以這個退休金計畫絕對可行。

　　當然以上的試算數字都只是單純且理想化的推估，人生會有很多意外的變化，但至少證明透過這樣的投資方式是可以達到退休需求，至於每年要投入多少錢、退休後每年要領多少生活費、甚至於幾歲退休等，都是可以再視當時情況做彈性調整。建議你也用這個方式來推算自己需要的退休金、每年需要儲蓄的金額，並想像退休後想過的生活品質，為自己訂定退休金計畫。

雨果的
理財小提醒

人生也並非是為了準備退休而活著，25 ～ 35 歲的時期，應
該要好好規劃生活，也規劃收入與花費，在享受生活的同
時，更要不斷進修累積自己的實力，讓本業工作收入增加。

02

我的投資理財經驗和大家一樣，都是一次次地從失敗中汲取
經驗法則，然後慢慢調整到正軌，但如果想要退休生活無虞，
有個實際的計畫和策略是必要的哦！

翻轉投資策略，
FIRE（財務自由）
不是夢

 # 觀念對了，投資也就順了

　　大家都知道「知易行難」，擬訂計畫很簡單，但實際執行可就不容易了。以我個人的退休理財計畫為例，想要達到年化報酬率8%，若繼續用以前的投資法肯定無法達成目標，或許有些人可以用技術分析與基本面分析的投資方法從股市賺到很多錢，但經過十年驗證，我明白這樣的方法並不適合自己，資產不但沒有增加還損失了上百萬元。如果一開始就用指數化投資的方式，到現在我的投資資產已經累積超過800萬元，或許55歲就可以達到3,000萬元的財富自由目標了。

● 失敗為成功之母，汲取正確經驗

　　但失敗為成功之母，若沒有經歷這十年的投資經驗，或許也無法體會股債配置的投資方式是更適合絕大多數人，可能還是小看這7%～10%的年化報酬率，汲汲營營的尋找更快速的投資致富方式。

同樣的，你可能也在尋找快速致富的方法，希望在閱讀完這本書之後，可以為你帶來不同的理財觀點與人生計畫，不需要像我一樣，浪費十年的時間才領悟出其中的道理。

●「理財」，更重要的是管理資產

理財指的並不僅僅是投資，更重要的是管理你的資產，這包括銀行帳戶的現金、各種金融商品投資、房地產、甚至是古董、藝術品。在你學習各種理財方法之前，更需要的是先建立正確的價值觀與投資心態，當你的心態正確了，自然就不會去想方設法找尋快速投資致富的方式，而去嘗試許多賭博式的投資。

● 利用被動投資，打跑通膨怪獸

投資的目的不只是賺大錢，最根本要解決的問題是：如何透過被動投資，避免資產受到通貨膨脹的侵蝕，讓現在的資產可以保有目前的價值，否則你應該現在就花光所有積蓄，因為它在未來只會越來越貶值。

其次是為了退休生活提前做準備，一個人的工作時間有限，大約是 20 ～ 65 歲間這四十五年的時間，但這段時間還需要為 65 ～ 100 歲這三十五年的需求儲蓄，如果都要依靠薪水來支應，加計通

貨膨脹造成貨幣貶值的影響，肯定無法順利完成目標，所以投資理財就成為每個人必須學習的一門課程。

本書內容將會以累積退休金為出發點，分享各種投資理財方式與觀念，規劃適合自己的退休需求，並擬定計畫來達成目標，也希望各位在讀完本書後能夠養成理財的好習慣。

雨果的 理財小提醒

所謂「理財」不只是指投資，而是你的資產管理配置，包括現金、房地產、金融商品投資，甚至是古董、藝術品等。

 # 搭上 FIRE 風潮，
財務自由不是夢

　　如何才能真正退休？答案是你再也不需要為經濟煩惱時，有足夠的生活費可以運用，當然就能輕鬆退休。傳統上的退休定義是指年紀大了，無法勝任工作而退出職場，開始養老享福，但現在許多人期望的退休是指更早離開為了養家餬口不得不做的工作，做自己真正喜歡且有熱情的事情而無後顧之憂，即所謂的「退而不休」，這就是國外現在很流行的「FIRE」運動。

▶ 財務獨立，心靈自由

　　所謂 FIRE（Financial Independence Retire Early）指的是財務獨立，提早退休，財務獨立是指不需要靠正職工作就能獲得生活所需的收入；提早退休則是指在法定退休年齡前就可以退休，但更多時候指的是在 30 幾歲就能達到退休。這裡說的「財務獨立」，其實與財務自由是相同概念。

● 源源不絕的被動收入

FIRE 的理念是透過在年輕時就積極工作賺錢，並盡量減少支出，將生活必要支出降低到自己可以長期接受的狀態，然後將存起來的錢放到股票債券市場增加資產，並利用 4% 法則從股票債券市場獲得生活所需的被動收入，當提領 4% 的金額超過生活必要支出的需求後，即可達到財務獨立並提早離開職場。

想要達到財務自由有一個基本條件，就是由資產產生的被動收入足以負擔生活所需，而資產產生的被動收入可能是來自公司的現金分紅、股票配發的現金股利、房屋或土地出租的租金、部落格或 YouTube 的廣告收入、智慧財產權授權與線上課程訂閱等項目。台灣人比較常聽到的除了出租房屋坐收租金之外，還可以買進高殖利率的定存股，等待每年配發現金股利。

▶ 4% 提領率需要與時俱進

美國人 William P. Bengen 提出「4% 提領率」觀念，是指退休之後，可以從退休帳戶中提領多少錢，而不至於提前耗盡投資組合中的資產。如果股債組合的投資能帶來年化報酬率 6% 以上的報酬，加上 2% 的通貨膨脹，即使賣出股債持股領出 4% 的資產，都

還能維持資產不減損，套用美股歷史數據來看，退休金可以維持 40 ～ 50 年不會用盡。

想套用 4% 提領率也有限制與前提，舉例來說，就算資產年化報酬率達 6% 以上，但每一年的實際報酬率有正有負，如果固定都提領 4%，一來有可能造成資產減少過快，二來每年能提領的金額也都不一樣，少的時候可能會不足以過生活。若是通貨膨脹長期超過 2%，也會導致生活費價值降低，影響實際的生活品質，想要套用 4% 提領率是需要隨時依據實際情況進行適度調整。但這也如同前一章的退休金試算表，提供我們可以參考跟隨的基準，藉由此一基準再進行細部調整。

台灣近年也常聽到 FIRE 財務自由理念，但我認為西方人的 FIRE 與我所觀察到的大部分人所追求的目的有很大的不同：

● 一、退休目的不同

FIRE 中提倡提早退休的起因是因為有其他更想做的事情，但這件事情或許無法提供足夠的收入，維持現有的生活品質，所以利用開始工作的前十幾年累積收入，並且降低生活需求，盡量減少支出，為的是可以早日辭去固定的工作，「去從事自己喜愛的事

情」。反觀，多數人想要退休的目的都是為了「不想要工作」，退休的情境是：我想出去玩就出去玩，睡覺睡到自然醒，隨時可以吃早午餐或下午茶，不用再看老闆臉色，然後每個月都會有錢主動入袋。西方年輕人所追求的 FIRE，可以住得簡單，吃得簡單，不買奢侈品，就只是為了可以四處旅行、登山、作畫、表演或寫作等興趣，你願意為了想做的事情，每個月只有 2 萬元可以花用嗎？

● 二、養成教育不同

　　西方教育大多從小訓練獨立發展與自主思考，許多人在國中前就找到興趣與嗜好，甚至是人生志向，並往那個領域去發展與學習。但台灣教育通常是一路念到大學畢業後，才開始思考人生志向，常常學校念的專業與將來工作所需的技能不符，或是工作多年，不斷換工作、換領域之後，才逐漸找到自己的志向，其實更多人到老了都還找不到人生方向，許多人想要退休的主要目的都是為了不要工作，盡早開始玩樂享福，並非是完成人生重要的使命或成就。

● 三、文化型態不同

　　西方人高中畢業後就算獨立個體，脫離原生家庭自己生活，自行打理生活起居，決定要工作或讀書，就讀大學的學費可能都

要靠申請獎學金，獨立後不需要奉養父母，不用給家用；同樣的，父母養育小孩到 18 歲後，也不一定會繼續供養小孩的生活。台灣的習慣大不同，很多人開始工作後需要固定給家用，最辛苦的階段通常是上有無法經濟獨立的老父母，下有需要養育的小孩。說真的，你真的有條件提早退休，去追求自己想要的生活，做想做的事情嗎？華人的家庭文化和傳統思維並不容易做到。

● 四、4% 提領率只是概念

　　FIRE 運動所需要的生活費用主要採用 4% 提領率的法則，只要你的投資報酬率有 6% ～ 7%，每年只從投資資產中提領 4% 當生活費，並計算 2% ～ 3% 的通貨膨脹，你的資產就可以無止盡的幫你產生被動收入。但是 4% 提領率只是一個比較理想的概念，書上是依照美國的 401 退休金帳戶投資美國股市可以獲得「年化報酬率 7%」的前提來做規劃，首先年化報酬率 7% 不代表每年都有 7% 獲利，可能有幾年是 10% 左右，但有幾年卻是虧損，如果要繼續提領 4% 作為生活費，你的本金會流失的相當快。其次，美國 401 退休金帳戶與台灣的勞退相當不同，台灣的勞退投資報酬率相當低，只有 2% ～ 3%，投資標的也不一樣，想要靠勞退來維持退休生活幾乎不可能。我曾經試算過勞退在不自提的情況下，退休後只會有 100 多萬元的價值，或是每個月只能提供幾千元的現金，

想退休還是得靠自己的存款來支付。

● 五、退休生活型態不同

　　FIRE 裡有一個重要觀念是：你必須盡量降低生活開銷，盡可能過節約生活，這樣退休金才不用花太多時間存款，可以提早在 30 ～ 40 歲就辭掉正職工作，靠投資被動收入來過生活。如果你沒有其他額外收入，例如退休後繼續打工或兼職持續有收入，你的生活型態就必須過得更節約，你是否願意退休不工作，一直過著簡約甚至縮衣節食的生活？再問一次，你的退休目的是什麼？ 是去做對你人生更有意義的事情，還是只是不想工作，這兩者的差異值得大家深思。

　　FIRE 的觀念主要還是追求提早財富自由，並開始追尋對人生更有意義的事情。就台灣環境而言，FIRE 可能是追求個人理想或成就感，比方可以到處演唱、深入研究歷史、學習某項樂器、甚至沉浸在電玩世界，也可能是為社會提供更多助益，像是維護山林、到偏鄉教學、提供醫療等。追求財務自由除了給自己帶來財務上的安全感之外，更應該思考的是當有多餘的時間，不需要為了生活而工作時，如何充實自己的生活。

　　如果你想追求的事情是可以帶來收入，例如愛旅行的人可以兼

職做導遊，愛唱歌的人可以收費演唱，其實也不需要等到被動收入完全可以負擔生活支出才退休，只要被動收入加上兼職收入可以負擔即可，但老實說，這件事情在尚有小孩需要養育，或父母需要照顧生活起居的時候很難達成。

如果還沒有想法，那麼請繼續追求財務自由（FI），但先不要提早退休（RE），至少可以考慮財務自由後先換點別的事情做，否則人生將會很無趣。

雨果的 理財小提醒

想要 FIRE(財務自由)？你想好達成之後要過什麼生活了嗎？只是不想工作？或是想在自己的人生做更有意義的事情呢？

你需要準備
多少退休金？

　　退休金的需求取決於想要過的退休生活樣貌，也取決於目前的工作收入，若你是 50 歲時還月入 3 萬元的人，就不該期待退休後每個月要有 5 萬元的生活費。**退休金目標必須要合理且實際，通常會預設退休後的月收入能達到工作時的七成薪資，也就是退休前月薪 5 萬的人，要求退休後能月領 3 萬 5 千元較為合理。**當然這不包括有房地產可以繼承收租，或是大筆遺產入袋的情形，我們只考慮全部只靠自己賺、自己存的方式。

　　這裡不再重複敘述需要月存多少退休金，本章節的重點會是請各位先預想退休後想過的生活型態，預估大概需要多少年收入，透過前面介紹的投資方式，需要在退休時準備好多少資金才能達到目標。有了這個目標金額，才能利用前面的方式回推每月需要存款的金額，如果目標金額與試算的存款計畫無法配合，那就需要調整目標金額，或是想辦法增加收入與每月的儲蓄金額，這是很簡單的數學題，沒有神祕的魔術與技巧可以讓工作時賺得少，

退休時卻可以花得多。

以下運用兩個案例進行試算，你也可以套用同樣的方式推算你需要的退休金。

▶ 案列一：30 歲年輕人的退休金規劃

案例一：有一個 30 歲的年輕人，月薪 4 萬元，保障年終 3 個月，一年的年薪為 60 萬元。我們試算兩種情況，一是在年滿 65 歲時要退休，並且還可以享有如目前年收入 60 萬元的被動收入，另一個情況是可以接受退休後為目前年收入的 75 折，也就是 45 萬元，大部分人認為退休後的支出需求不如原本多，大概可以估算七成比例就足夠。

目前 30 歲的年輕人，在三十五年後退休時希望可以跟現在一樣，過著年收入 60 萬元的生活品質，他退休時的被動年收入並不是 60 萬元，因為必須要考慮三十五年後的通貨膨脹，我們就保守的以平均每年 2% 的通貨膨脹率計算，目前的 60 萬元在三十五年後會變成大約 120 萬元。換句話說，65 歲時年領 120 萬元才能等同於目前年領 60 萬元的價值，千萬不要把目前的金錢需求直接當作幾

十年後退休時的需求，那時候一個便當可能已經要價 200 多元了。

　　退休金本金的計算取決於想要如何領取你的被動收入，有的人可能會用投資 5% 殖利率的股票來計算，那麼想要年領 120 萬元被動收入的投資本金就需要有 2,400 萬元。如果是套用前面介紹過的 4% 法則，則 65 歲時的投資本金就需要 3,000 萬元，若可以接受 65 歲的年領退休金只有原本薪資的 75 折，也就是 90 萬元，那麼投資本金就只需要累積到 2,250 萬元。我們以下將保守採用 4% 法則回推退休金的需求，如果到時候可以拿到 5% 或更高的投資報酬率，那就更萬無一失了。

　　表 2-1 列出這位年收入 60 萬元的 30 歲年輕人，對於 65 歲退休時的退休金需求與投資累計試算表，表中的投資累積報酬是用年化報酬率 8% 計算。

　　表 2-1 分成三大部分，上面表格部分在前面文章已有說明，若 65 歲時還想每年領到跟 30 歲時等值的年收入，加計 2% 通貨膨脹後，65 歲需要領到的金額為 120 萬元，用 4% 法則反推需要的退休金為 3,000 萬元，若可以接受 75 折的收入，則退休金需求降為 2,250 萬。

表 2-1：30 歲年收入 60 萬元的退休金需求試算

年齡	年收入（元）	年收入 75 折（元）
30 歲	600,000	450,000
65 歲	1,199,934	899,950
4% 反推退休金	29,998,343	22,498,757

年齡區間	初始本金 50 萬元，每年需投資金額	累積報酬（元）
30 歲 -40 歲	180,000	3,507,044
41 歲 -50 歲	0	7,571,444
51 歲 -63 歲	180,000	24,770,165
64 歲 -65 歲	180,000	29,296,273

年齡區間	初始本金 50 萬元，每年需投資金額	累積報酬（元）
30 歲 -40 歲	120,000	2,697,850
41 歲 -50 歲	120,000	7,701,914
51 歲 -63 歲	120,000	23,732,099
64 歲 -66 歲	120,000	30,316,344

⊕ 試算表格下載請至 P239

製表／雨果

表 2-1 的第二個表格則是預設目前已有一筆相當於年薪的存款 50 萬元，並計畫每年存下 18 萬元，相當於每月存 1.5 萬元投入退休金計畫，中間預設有十年會因為小孩養育花費而中斷每年投入 18 萬元的計畫。以這個方式進行計算，39 歲後可以累積到約 350 萬元的退休金，40 ～ 49 歲即使沒有繼續每年投入 18 萬元，退休金可以滾到約 757 萬元，然後從 50 歲開始又繼續每年投入 18 萬元，一直到年滿 63 歲時就可以滾出 2,477 萬元，這已經達到年收入 75 折的退休需求。如果不急著退休，可以繼續工作兩年且同樣每年投入 18 萬，在年滿 65 歲之後即可達到約 2,930 萬元的退休金，這已經很接近一開始設定的目標了。

　　表 2-1 最下方的表格的部分是不在累積退休金的過程中，中斷十年的每年投入計畫，如此在同樣的初始本金、年化報酬率與退休金需求之下，每年需要投入的金額只要 12 萬元，亦即每個月存 1 萬元，我們可以看到 49 歲時已累積 770 萬元，到 62 歲時也達到 2,373 萬元，這已達到 75 折的退休目標，66 歲時可以累積到 3,032 萬元，一樣可以達到退休金的目標。

▶ 案例二：40 歲中年人的退休金規劃

　　另一個案例，我們以收入高一點的中產階級，但年紀更靠近 65 歲退休年齡為例來說明，年齡 40 歲的中年人，年薪 200 萬元，同樣試算兩種情況，一個是在年滿 65 歲時要退休，並且還可以享有如目前年收入 200 萬元的被動收入，另加兩個情況是可以接受退休後為目前年收入的 75 折，大約為 150 萬元，與年收入 5 折，大約為 100 萬元的條件。

　　其他的計算方式相同，我們來計算 40 歲～ 65 歲這二十五年期間的通貨膨脹，然後再反推他的退休金累積計畫，每年通貨膨脹率一樣設為平均 2%，初始本金一樣為年薪 200 萬元，每年投入的金額設為 40 萬元，試算內容如表 2-2。

　　從 2-2 表中可以看到，若要在 65 歲繼續領到相當於 40 歲時的 200 萬元的被動收入，用 4% 法則反推，則會需要 8,200 萬元的退休金，若是可以接受 75 折，大約是 150 萬元的收入，退休金則需要 6,150 萬元，年收入 100 萬元的退休金則會需要 4,100 萬元，這看起來是很龐大的數目，難怪人家常說，高收入的人為了維持原本的生活品質，反而比一般人更難退休。

表 2-2：40 歲年收入 200 萬元的退休金需求試算

年齡	年收入（元）	年收入 75 折（元）	年收入 5 折（元）
40 歲	2,000,000	1,500,000	1,000,000
65 歲	3,281,212	2,460,909	1,640,606
4% 反推退休金	82,030,300	61,522,725	41,015,150

年齡區間	每年需投資金額（元）	累積報酬（元）
40 歲～56 歲	400,000	18,581,599
57 歲～65 歲	400,000	42,539,326
66 歲～69 歲	400,000	59,820,924
70 歲～73 歲	400,000	83,332,347

製表／雨果

表 2-3：40 歲年收入 200 萬元，中斷十年投入的退休金需求試算

年齡區間	每年需投資金額（元）	累積報酬（元）
40 歲～44 歲	500,000	9,779,941
45 歲～55 歲	—	21,114,159
56 歲～62 歲	500,000	41,004,272
63 歲～67 歲	500,000	63,416,692
68 歲～70 歲	500,000	81,639,824

製表／雨果

　　表 2-2 的第二個表格部分，列出每個年齡階段可以累積到的退休金金額，用起始本金 200 萬元投入年化報酬率 8% 的投資組合中，再加上每年固定存入 40 萬元，到 56 歲時可以累積到 1,860 萬元。65 歲時可以達到 4,254 萬元，也就是滿足年收入 5 折，每年有 100 萬元的退休金條件；而到 69 歲可以累積到 5,980 萬元，接近年收入 75 折，每年有 150 萬元的退休金條件，若是堅持要維持如目前年收入 200 萬元的價值，則要持續投入到 73 歲才能達到目標 8,330 萬元，而隨著退休年齡的延後，其所需要的本金又會比原本計算在 65 歲退休時所需要的更高。

　　看到這樣的數字應該會思考到底是要在 65 歲退休，省一點花用，過上相當於目前每年 100 萬元收入的生活，還是要撐到 73 歲過每年 200 萬元的退休生活，建議多看看 65 歲以後的長輩實際生活花費，才能擬定一個比較貼切現實的退休金目標。

　　如果這個 40 歲中年人的案例屬於晚婚族，也需要在中間停止十年投入資金，讓我們再試算另一種情形，數字如下表 2-3。由於距離退休的投資時間已經不長，中間還要中斷十年增加資金，原本的條件已經無法滿足，真的想這樣做的人必須要將初始本金增加為 500 萬元，並且增加每年投入的資金至 50 萬元。想要中間中

斷投入，最好先準備較高的初始本金才能得到目標。

由於初始本金就有 500 萬元，在一開始的五年就能累積到約 980 萬元，然後中斷投入十年，到 55 歲時退休金可累積到 2,110 萬元，56 歲再繼續每年投入 50 萬元資金，到 62 歲時可以累積到第一階段的 4,100 萬元，達到年收入 5 折的退休標準。而要達到年收入 75 折的退休標準，則要等到 67 歲累積到 6,340 萬元才夠用。若想滿足目前 200 萬元收入水準的退休金，需要等到 70 歲累積到 8,160 萬元，越晚開始存退休金，每年所需要投入的資金就越高。

● **準備退休金務必考慮通貨膨脹**

以上兩種試算範例供各位參考，在計算退休金需求時，千萬記得不要以現在的價值觀去想像幾十年後的需求，不要誤以為一年只需要 60 萬元，就用 5% 現金股息殖利率去推算退休金只需要 1,200 萬元。如果你是現在就要退休，那 1,200 萬元就沒有問題，如果是三十年後才要退休，記得計算通貨膨脹，你的退休金會需要增加一倍才足以花用。

從上面的案例可以發現，並非收入越高的人越能提早退休，因為他們的生活消費水準也同樣很高，由奢入儉難。如果高所得的

人要在退休後維持一樣的生活習慣與消費水平，無非就是要延後退休年齡，或是增加儲蓄率，將每年投入退休金的金額再拉高比例。一般收入的人也未必一定要到 65 歲才能退休，因為試算表裡的每年投入金額都固定，但當工作年資與經驗更多之後，薪資收入可能隨著增加，每年可投入的金額也就會變多，這樣就能將退休年齡提前到 60 歲甚至更早，或是也可提高退休金標準，讓自己的晚年在財務上能過得更加安心。

清楚自己需要準備多少退休金，再來就是擬定你可以逐步完成的計畫了。存退休金不是收入高的人才辦得到，除了盡量增加收入以外，還要存得下來才有意義，而存錢這一步絕對不比投資簡單。<u>在儲蓄與投資之外，還有正確的理財觀念也需要建立，培養好正確的心態後，就能減少你在準備退休金過程中的困難與疑惑，也有助於堅持自己的計劃，在後面的章節會依序解釋準備退休金的各項重要環節。</u>

雨果的　理財小提醒

退休金該設定多少錢？和你原本的收入和希望的生活品質有關。

03

不管是投資還是儲蓄，每個人年紀不同、目標不同、習慣不同，可以參考我的方式啟發，找出適合你自己的方法。

體悟真正可行，
屬於你的
理財心法

有效投資需要
先考慮風險承受度

　　許多人想透過投資股票快速累積資產，藉由每年固定領取股利或利息以增加每年的收入，所以花許多時間閱讀財經資訊，研究技術分析，甚至研讀公司財報，想找到被市場低估的上市公司，目的就是提高每年的投資報酬率，但其實大多數人都將時間分配在錯誤的地方。

　　我們先了解「資產投資績效」的組成因素，你需要先投入一筆本金，經過一段時間，不管是該筆資產的價值成長或是配發利息，進而獲得一筆報酬，通常都以年為單位，換算成年度的報酬率，所以投資績效的組成因素有「本金」、「投資報酬率」與「時間」。

「資產投資績效 = 本金 x 投資報酬率 x 時間」

　　想要提高資產投資績效，可以藉由提高本金、提高報酬率、或是拉長投資時間來達到目標。譬如，想要在十年後累積到 100

萬元的資產，可以在一開始拿出 50 萬元的本金，時間設定在十年後，這時要達到目標的年化投資報酬率就是 7.2%。如果只拿得出 10 萬元本金，想要在十年後變成 100 萬元，那需要的年化報酬率則要達到 25.9%，相對於 7.2% 的報酬率，難度高出許多。又或是延長自己設定的年限，將十年延長為二十年，則年化報酬率就可以降低到 12.2%。

以存退休金為例，一般大眾設定的退休年紀大約會是在 60 ～ 65 歲，不管你現在幾歲，到達退休的時間年限已相當固定，頂多再往後延五年至 70 歲，但對目標的影響並不大。

▶ 提高本金風險最低

「投資報酬率」的高低伴隨著同樣的風險，最保險的銀行定存只能提供 1% 利率，若是到賭場賭博比大小，每一筆的勝率接近 50%，報酬率是 100%，但是風險有超過 50% 的機率會完全賠掉本金，以累積退休資產的目的來說，我們不會使用如賭博般的高風險方式。

單純以金融市場投資來說，合理的年化報酬率大約為 4% ～

20%，有的人投資保守型的債券 ETF 或 REITs，年化報酬率可介於 4% ～ 8%，這取決於投資時間的長短，三年或三十年的結果大不相同。若是用被動指數 ETF 進行投資，可能年化報酬率會介於 7% ～ 15%。有些人研究個股投資，就算是在技巧與運氣都很好的情況下，或許年化報酬率可以達到 20% ～ 30% 以上，但同樣也要面臨虧損的風險。

另一個因素為「本金」，如果目標是在二十年後擁有 2,000 萬元的退休金，而現在你的年收入為 200 萬元，每年可以存下 100 萬元，那你可以安心的將每年 100 萬元存進銀行定存，就可以用幾乎沒有損失本金風險的方式，在二十年後累積到 2,000 萬元。但事實上，如果你現在的年收入有 200 萬元，相信你期望退休後的生活也能有每年 150 ～ 200 萬元的生活品質，那麼需要的退休資產就不會只是 2,000 萬元，而更可能是 5,000 萬元了。

綜合以上幾點可以得知，時間幾乎是一個不可變動的因素，唯一能調整的就是預期退休時間，但能調整的空間很小。投資報酬率也伴隨著相對應的風險，若以被動式指數 ETF 搭配債券的方式進行投資，在 20 ～ 30 年期間可以期待的年化報酬率大約就在 6% ～ 10%，如果想要提高年化報酬率到 15%，可能就要將資金投入一

年可以成長 20% ～ 30% 以上的個股，這需要投入更多時間研究個股產業、公司財報、產業發展、經濟趨勢等資訊，而且這些投入還不能保證可以提高獲利，唯一最沒有風險又能加速退休資產的累積方式就是「提高本金」。

▶ 別忽視時間複利的威力

　　一個 25 歲的年輕人每年收入 50 萬元，每年可以存下 10 萬元進行投資，也就是 20% 的儲蓄率，他想在 65 歲退休時，存到 3,000 萬元，請問他應該如何執行才能達到目標。我們簡化人生中的發展變化，假設他每年都能存下 10 萬元並於年初投入金融市場，40 年的投資時間只需要追求年化報酬率 8.3% 就可以達到設定的目標；如果只需要 2,000 萬元，則年化報酬率 6.8% 就可以達成，6.8% 與 8.3% 在被動式 ETF 投資績效來看，都屬於合理可期待的績效目標。所以盡早投資累積退休金，時間複利對於年輕人來說，是一個相當有利的因素。

● 評估你目前可承擔的風險
　　如果是已經有家庭的人，以 40 歲開始存退休金，距離 65 歲退休規劃只剩下二十五年，同樣以每年存 10 萬元的方式，8.3% 年

化報酬率到 65 歲時也只能累積約 830 萬元，這離 2,000 萬元的退休門檻差距很遠，如果要達到目標，必須要將投資報酬率提高到 13.8%，才能在二十五年後累積到 2,000 萬元、16.3% 才能累積到 3,000 萬元。依照過去歷史紀錄來看，單純用被動式指數 ETF 投資無法達到年化報酬率 13%，甚至是 16%，你就必須承擔更高的風險、投入更多的時間去研究個股，並且不定時要追蹤公司表現，做資產轉換，將資金轉到更有成長潛力的公司，以拉高整體投資報酬率，但這樣做的同時也可能讓資產損失，造成離退休目標越來越遠的困境。

所以，為了降低風險，如果將每年存款金額從 10 萬元提高到 20 萬元，就可以僅靠 9.6% 的年化報酬率達到 65 歲退休時有 2,000 萬元的資產。你可以思考對自己來說，是將存款金額增加的難度比較高，還是將投資報酬率提高的難度比較高，評估之後再做決定。

當然要將每年存 10 萬元提高到 20 萬元也不是一件容易的事情，可以透過減少花費來增加儲蓄金額，也可以透過增加工作收入提高存款，雙管齊下肯定更容易達到目標。相對於提高投資報酬率來說，增加收入與儲蓄比例是一件幾乎沒有風險的方式，只

要願意投入時間與精力、調整生活方式就可以做到。相較於提高投資報酬率，除了要投入大量時間研究金融市場，還不保證會有效果，可能還增加了本金損失的風險，所以想要更快、更容易達到退休所需的資產，就要早一點開始準備，賺取時間複利的紅利，否則就得更努力增加本金，減少花費，提高投資的本金。

● 年輕時多充實自我，提高本業收入

記得過去王品集團創辦人戴勝益曾說過：「月薪不到 5 萬元不要儲蓄」，當年曾引起一陣軒然大波，他的主張是當你的收入不高時，這些錢不管如何存都難以變成大錢，不如把錢花在建立人脈，還援引當年他創業初期跟 66 個貴人借錢的經驗。當然每個人的背景與經歷不同，他的建議無法全然採用，但是精神是相同的。如果每個月的收入只有 3 萬元，你的儲蓄率高達 50%，等於每個月可以投入金融市場進行投資的金額是 1.5 萬元。如果付出 1 萬元去進修學習更多專業技能，或是參加專業社團拓展人脈，你可能因此學習到更有價值的技術，或是接觸到更好的工作機會。也可能將月收入提高到 5 萬元甚至更高，每個月多出 2 萬元的收入，相對於原本的投資金額 1.5 萬元是 133% 的成長，而且是一筆長期且可每月持續獲得的增長，相信沒有任何一筆投資可以帶給你如此高且穩定的投資報酬率，甚至是零風險。

如果你的工作收入未達到一個水準，或是如果你還很年輕，建議先從投資自己開始，想辦法增加正職工作收入，提高自己的市場價值，甚至斜槓兼差增加每個月的收入。唯有投入足夠的本金，且可以源源不絕的帶來正現金流，才有更高的機會在金融投資市場中獲利。

如果能夠投入市場的本金越多，則所需要的投資報酬率就不需要很高，意思是損失本金的風險就能降低，需要的投資時間也會比較短。如果本金少，你就需要承擔更高的風險來追求更高的投資報酬率，並且等待更長的時間來達到目標。所以**累積退休金，你該重視的優先順序是「投資的本金 > 投資的時間 > 投資的報酬率」**，追求提高報酬率，將會需要投入更大量的時間與成本，卻不一定會帶來正向的結果，甚至可能導致虧損，記得做有效率的投資才能達到事半功倍的結果。

# 存錢是一切財富的起點

先存錢應該是最重要的理財觀念，但對於許多人來說，存錢真的是一件不容易的事情，為了存錢要克制物慾已屬不易，更何況可能犧牲自己與家人的生活品質。想要存錢，最好的方式是調整價值觀，培養良好的消費習慣與心理素質，存錢就會變成自然而然。

大部分的人會認真把存錢當一回事，通常有兩個因素，一個是有想要完成的「夢想」。例如想要擁有一大筆錢可以環遊世界、想要出國遊學需要準備 200 萬元、想要買一台車需要 30 萬元的頭期款，對於夢想越堅持的人，就越有意志力堅持長時間的存錢。另一個因素是「恐懼」，很多人是從小過著貧困或負債的生活，小時候的印象造就長大後害怕沒錢過生活，所以節省已經變成一種習慣，對於金錢沒有安全感，擔心老了沒錢過生活，準備退休金會存的特別認真。夢想與恐懼，不管是哪一種心理因素與目標，通常是多數人認真存錢的最大動力。

想存下更多錢的另一面就是減少消費，但這對於大部分人來說，其實很違反人性，大家想要過更好、更舒適的生活，常常就需要靠花錢所堆積而來，不管是買車、買名牌包、吃高檔美食等物質消費，還是旅遊、看表演等充實心靈的活動。想要甘願的存錢，就需要在其中做取捨找到平衡，消費是無可避免，但我們可以盡量做到讓每一筆消費都是有意義的。

日常生活中小筆的費用先不討論，有的人非常想要買名車，花2、3百萬元買一台名車對他來說是一種成就感；有的人重視人生體驗，願意花錢到很遠的國家旅遊、搭熱氣球、坐郵輪、學開飛機，一些對生活未必實用，但是卻值得一生嘗試一次的體驗。不管是哪一種目標，我們可以盡量做到規劃每一筆對自己有意義的花費，甚至是可以在這件事上面斤斤計較，真心覺得沒做這件事情我一定會後悔。

▶ 讓每一筆消費更加有意義

當你心中有了一把尺，就不會「省錯地方」。當然，每個人對於「有意義」的定義不同，但在消費前，例如買一件衣服、買3C商品、買家具家電，可以多想一下，這筆消費是否真有必要和價值？

生活中很多地方都可以省錢，譬如少喝一杯飲料、少喝一杯咖啡、不搭計程車改搭捷運。但有我認為最不應該省的就是三餐飲食，我看過許多人想要省錢，首先就是從吃飯錢下手，一餐只吃一碗滷肉飯，吃一碗乾麵或麵線，把一餐的費用從 100 元減少到 50 元，一天兩餐可以省下 100 元，但卻會買一杯 150 元的咖啡。

● 三餐營養是健康的基礎，不要過於節省

伙食費指是的是維持身體基本營養的正餐，而不是指和朋友聚會吃大餐，聚餐應該算娛樂費。我認為節省三餐的錢是最不明智的選擇，第一是每日三餐的花費其實占每月的生活費比例相當低，很有可能是僅次於交通費的一項支出，但娛樂費卻高過生存最基本的需求花費，省伙食費的實質效益與幫助其實不大。第二是健康飲食是養成身體健康最根基的事情，每一餐只吃澱粉、只吃肉類或甚至是過量的油酯，都會造成偏食、營養不良或身體的負擔，沒有健康的身體來享受未來的生活，存錢根本沒有意義。一天省下 100 元的餐費，一個月也只不過省下 3,000 元，若手機不要買旗艦機改買中階機，馬上就能省下一萬多元，可以換得 3、4 個月正常的吃飯，維持身體健康。

另外，誠心建議不要跟別人比較，你可以羨慕別人的生活，

但不需要做超出自己能力的事情去追隨，有規律與紀律的做好存錢計畫，維持消費習慣。同時也不需要向旁人證明你的身價，有許多人買名車、名錶、名牌包，為的不是滿足自己的成就感，而是希望向旁人展現自己的身價，希望別人能投以羨慕佩服的眼光。其實大可不必，你的好與壞對別人來說一點都不重要，你的身價與重要性，並不需要靠身上的行頭來證明。

▶ 消費習慣的養成取決於價值觀

調整自己的價值觀遠比強迫控制消費習慣更加重要，當你的心態已經認同不要浪費食物，那麼自然就不會點一大堆餐點然後吃不完丟掉；你認為只取夠用的就好，自然就不會買很多衣服鞋子，或一直更換 3C 商品。當心態是正確且健康，消費習慣自然就會改變，如果只是為了達到某個目標而壓抑自己，一旦達到目標，這個習慣很快就會中斷，而且可能會報復性花錢來彌補之前的辛苦。若你能循序漸進的調整價值觀，節省消費與存錢自然就會跟著發生，也不用學三個信封存錢術，先存錢再消費等技巧，「學功夫最上乘的是要修心法，而非招式」。

消費不需要隨著收入增加，許多專家教人存錢會建議用消費比

例的方式控制花費，譬如存錢 10%、生活費 50%、娛樂費 20%、交通費 10%、保險費 10% 等，但這個方式應該僅限於月收入 5 萬元以下的一般收入族群。當收入增加，消費也未必要跟著比例增加，如果每個月基本消費 3 萬元就能過生活，當月收入來到 10 萬元，還是可以維持月消費 3、4 萬元的習慣，將增加的收入做更好的投資與運用，不需要透過增加消費或買高單價商品，向別人表達你是月收入 10 萬元的高薪族群。

存錢並不代表要極度節省，我們並不需要過著苦行僧般的生活，預算規劃上應該要規劃娛樂或非必需品的經費，做你覺得真正值得的享受消費，在適當的預算裡做有價值的事情。我們必須要考量到，如果明天意外發生，你有沒有還沒做會後悔的事情，生活應該要在存錢準備未來與目前的生活意義中找到平衡點，那才是存錢真正的意義。

聰明記帳，善用預算管理法

　　當手上有一筆閒錢，到底是要買東西犒賞自己，還是存下來為未來做準備？很多人應該都曾有過類似的掙扎，當然越早開始存錢，每個月就可以減少需要存下來的金額，或是不用要求太高的報酬率，透過時間的複利大幅增加退休時的資產，或是早一點享受財富自由。但是，一直過著省吃儉用的生活，人生還有樂趣和意義嗎？不能吃美食、不能旅遊放鬆、不能買漂亮衣服，這才不是我要過的人生，這樣存錢好痛苦！

　　事實上，存錢與精彩人生並不衝突。如果過得非常省吃儉用，只能買廉價品，居住環境狹小不舒服，每餐都是小吃攤或滷肉飯配豆干，這樣的存錢法根本是本末倒置。請想想，廉價品的耗損率可能比買優質商品更高，不舒服的環境讓你不想回家，有更多機會待在外面消費，而且不舒適的家裡更會影響心情，每餐節省著吃而不顧及營養均衡，反而賠上健康。

別忘了，想要有優質的退休生活，除了要有足夠的資產，更需要健康的身體，每一餐省下 30 元卻賠上健康，絕對是最不划算的事。建議大家可透過「設定預算」與「記帳」兩種方式來達到無痛存錢。

▶ 無痛存錢法，設定每月的生活預算

如果你可以規劃每月的生活預算、每年的保險、旅遊、甚至紅包等特別預算，並且確實的依照預算使用金錢，那麼預算以外的錢就可以在薪水跟年終發放時先存起來。只要花費尚在規劃的預算內，就可以放心的大啖想吃的美食、購買需要的物品，不再需要每次消費就猶豫不決，斤斤計較。

以月薪 4 萬元的上班族為例，假設每年有兩個月的年終獎金，每月的生活預算規劃大致如下：房租 1 萬元、餐費 6 千元、娛樂消費 4 千元、特別購物 6 千元、交通費 4 千元；每年孝親紅包 1 萬 2 千元、保險費 2 萬元、旅遊金 2 萬 5 千元、非必要性消費 1 萬 5 千元。依照如此規劃的預算消費，每個月應該可以存下 1 萬元來投資，年終還能再存 8 千元，這筆資金可用來投資，或是犒賞自己，或將預算再分配到旅遊或非必要消費，綽綽有餘。

是否覺得上述預算規劃是否過於理想？或許你的房租不只 1 萬元、孝親紅包也不只 1 萬 2 千元，不過沒關係，這只是一個參考，你應該以自己實際的情況進行規劃，並且調整到覺得適合且舒服的預算分配，這個方式才有可能真正的長久執行。

剛開始執行時，消費習慣會需要一再調整，或許會常常超出預算，這時候就要評估消費行為是否買了太多非必要的東西，還是預算規劃過於理想，根本沒有可行性。在經過一段時間的調整分配，漸漸就會養成習慣，一旦變成習慣，你的消費方式就可以長時間的持續，並且依照計畫存錢進行投資。

▶ 透過記帳掌握預算分配

若對於每月生活預算的規劃毫無頭緒，可以透過「記帳」方式來輔助，建議剛開始不需要記很精確的流水帳，你只需要將每一筆費用依照預算規劃的類別進行分類就好。舉例來說，每天三餐屬於餐費、悠遊卡儲值或油資屬於交通費，和朋友聚餐、唱歌屬於娛樂消費，上班用的隨身包壞了需要換新包，這一筆就屬於特別購物。目標就是將每個月的消費控制在設定的預算內，只要預算還很多，就可以安心的購買花用，如果預算已經快用完，這個

月卻還有兩個星期，那就要認真考慮省下這筆特別購物消費，並且接下來的兩週都要節省開銷。

當然，如果真有必要且急迫性，預算之間可以考慮挪用，例如這個月想跟朋友去唱歌，但是會超過娛樂消費的預算，那就必須要節省特別購物的開銷，讓娛樂消費超過一點預算，最後要求的就是每個月總花費不能超過總預算 3 萬元。如果月薪增加了，你可以考慮存下增加的薪水，維持原本的生活習慣，或是也稍微增加每個月的預算花費，但千萬不要把增加的薪水全部都分配到消費預算裡，存錢的部分一定要維持，通常需要一～兩年的時間就可以調整到適合自己的預算分配方式。

● **實際花費通常比原比估算的高**

我本身使用這個方法記帳已經維持二十年，過程中也曾經做過調整，維持記帳習慣的好處，就是對於未來一整年的花費都能有初步掌握，想要過什麼樣的生活方式，就可以透過調整預算的配置來想像，再參考自己預期的收入，就能推算出今年用於投資的資金能有多少。如果碰到急需用錢的情況，才能知道自己可以負擔的金額。有記帳的習慣才能真正知道每一年的實際花費。舉一個親身經驗與大家分享，如果認真記帳就會發現實際花費，將比

記帳前心裡所估算的金額還要高出 1.5 至 2 倍，記帳後你就不會再問，我的錢到底都花到哪裡去了，戶頭為什麼都沒有剩下錢。

▶ Excel 表單記帳簡單好用

市場上有各種記帳軟體可以使用，每個人的需求不同，使用習慣也不一樣，試著找到一種適合自己的記帳工具，盡可能讓記帳這件事越簡單越好。而我習慣使用 Excel 表格記帳，以前也曾用過其他的記帳軟體，但因為擔心資料無法匯出留存，將會失去所有紀錄，所以最後決定規劃一個記帳的 Excel 表單，以下也會舉出實例說明。

我們可以將預算分類成每年基本固定支出、年度特別預算、每月基本生活費等三個大分類。「每年基本固定支出」指的是每年一定會需要支付的費用，涵蓋的範圍可能有人壽保險、汽車保險、紅包、學費、學貸、貸款等。「每月基本生活費」指的是每月日常生活費用的預算，包含平日三餐；娛樂消費如看電影、唱KTV、朋友聚餐；特定費用如衣服、手機、罰單；交通費用則包括油資、大眾運輸工具、停車費等。

最後是「年度特別預算」則指不確定的預備預算，譬如今年有

可能需要更換手機、電腦、結婚紅包、國內外旅遊、汽機車維修等項目，我們先預留一筆預算來支付這類型的支出，因為單筆金額較大，無法透過每月的基本生活費支付。

把預算設定好之後，就要盡量將花費控制在預算內，只要一年結束後，總花費離預算很接近，就算超過一點也沒關係，就可算是按照規劃實行了儲蓄計劃。每月可以省下來的金額也清清楚楚，而這筆錢可用來規劃適合的投資理財。養成記帳習慣就會清楚自己每一年的實際花費，許多人在拿捏每個月與每一年的花費時，常常會忽略日常生活中許多小金額的支出，還有每年只付一次的費用，像是保險，所以實際花費金額很有可能比你認為的還要多上一倍。

我個人習慣使用 Excel 表格記錄花費，這樣也有較大的彈性做更適合自己的調整。圖 3-1 的範例將每月的日常生活費預算設定在 1.5 萬元，消費類別分別是 ❶ 飲食費用 3,000 元、❷ 娛樂費 5,000 元、❸ 特定費用 6,000 元、與 ❹ 交通費 1,000 元。

日常生活記帳不需要記的很詳細，其實名目也不太重要，很少人會回頭檢討花費內容，因為已經發生了，但預算記帳法可以讓你知道預算還剩下多少，是不是該節省開銷了。而 ❺ 特支、❾

租金、❹ 家用是年度的預算，所以隔開來劃分，最後會做整年度的累積計算。

Excel 表格的使用方法，每一天都會有 5 行與 3 個欄位，可以記錄最多 5 筆花費，每一筆花費需要填入三個欄位。第一個欄位是上述的消費類別，填上 B 欄位相對應的數字，第二個欄位則是填寫消費金額，第三個欄位是填寫消費項目，上面的統計表格就會自動統計。如果一天有許多筆消費金額，建議將同類別的總計在一起，我們不需要知道消費細節，例如假日出遊吃了兩餐、買伴手禮等，僅需要在表格記錄 ❷ 娛樂的類別，把所有金額加總成一筆，說明就寫出遊，簡化不必要的明細記錄。

看圖 3-1 中，1 月 4 日有一筆 1,235 元的聚餐費用，因為這筆金額不是平日三餐的花費，而是一個月可能僅有 1、2 次的費用，金額又較高，所以歸類在分類 ❷ 的娛樂費。1 月 5 日有一筆 270 元的午餐費，因為是一般的伙食費用，所以歸類在 ❶ 飲食。3 月 5 日扣繳一筆保費 3,600 元，由於保險費一年只繳一次，所以算在 ❺ 年度特支預算裡。4 月 4 日買入捕蚊燈，由於金額不高，所以可以算在當月的 ❸ 特定預算，如果金額是 5,000 元，馬上就會用光當月的特定預算，如果會影響當月的消費規劃，就可以考慮把

圖 3-1：雨果的 Excel 表格記帳範例

	A	B	C	D	E	F	G	H	I	J	K	L	M	N
1	預算			累計	剩餘		累計	剩餘		累計	剩餘		累計	剩餘
2	$3,000	1. 飲食		$2,319	$681		$2,278	$722		$2,085	$915		$1,810	$1,190
3	$5,000	2. 娛樂		$4,879	$121		$4,957	$43		$3,298	$1,702		$2,258	$2,742
4	$6,000	3. 特定		$8,582	-$2,582		$4,750	$1,250		$9,468	-$3,468		$2,093	$3,907
5	$1,000	4. 交通		$1,553	-$553		$605	$395		$968	$32		$390	$610
6	$100,000	5. 特支		$5,200	$94,800		$20,000	$74,800		$3,600	$71,200		$2,800	$68,400
7	$180,000	9. 租金		$5,200	$174,800		$20,000	$154,800		$3,600	$151,200		$2,800	$148,400
8	$120,000	0. 家用		$10,000	$110,000		$10,000	$100,000		$10,000	$90,000		$10,000	$80,000
9	$15,000	生活總計		$17,333	-$2,333		$12,590	$2,410		$15,819	-$819		$6,551	$8,449
10			1月				2月			3月			4月	
29			2	$1,235	聚餐	1	$55	早餐	1	$25	早餐	1	$49	優酪乳
30		**4**	1	$60	午餐	1	$254	晚餐				3	$965	捕蚊燈
31			3	$680	威士忌							4	$160	計程車
32														
33														
34														
35			1	$270	午餐	1	$94	早餐	1	$100	早餐	1	$80	飲料
36		**5**	2	$665	零食				5	$3,600	保險費			
37														
38														
39														
40														

製表／雨果

TIPS

日常花費記錄四大原則：

- 原則 1：盡量記錄每一筆的花費，就算只花 20 元吃冰也要詳記。
- 原則 2：不需要記錄明細，只需要記下類別與金額。
- 原則 3：預算是控制花費的方法，不是限制花費的工具。
- 原則 4：偶爾漏記一筆也無妨，年度花費不會因此受影響。

分類歸類在 ❺ 年度特定預算，但同時也會影響到年度特別預算的分配，進而影響到更換手機、電腦或旅遊等規劃。

　　在前面文中提到的設定預算方式，我們也可以利用預算表試算每一年可以存下多少錢，請看表3-1，左邊是每月的消費預算規劃，右邊是年度支出預算規劃，右邊的年度支出大多是屬於確定的固定支出，我習慣使用年終獎金來支付年度支出。因為沒有買車的預算，所以內容沒有汽車保險與稅金的費用，計算之後年終將會剩餘 4 萬元可以運用，但如果有買車，每年就會多出 4 ～ 5 萬元的車險與稅金支出，年度固定支出就會超過年終獎金，必須要另外從每個月的薪資存下這筆費用。

　　表 3-1 左邊的每月消費預算規劃簡單統計可看出，生活費 1.5 萬元、房租 1.5 萬元、家用費 1 萬元。由於每年特別費用預算只剩 4 萬元，一趟旅遊或換一支手機可能就所剩無幾了，不足夠應付臨時性的大筆支出，所以另外規劃每個月要再存下 1 萬元特別費基金，以補充年度特別預算，如此每年的年度特別費額度可從年終剩餘的 4 萬元變成 16 萬元。月薪扣掉這些預算之後，每個月可以存下 1 萬元，我們預計再從年終裡存 2 萬元，一年就能存下 14 萬元，而年度特別費會剩餘 14 萬元。

表 3-1：每月與年度預算規劃表

年收入	82 萬元
月薪	6 萬元
年度特別費 (含旅遊)	2 萬元
每月租金	1.5 萬元
每月生活費	1.5 萬元
每月給家用費	1 萬元
每月特別費基金	1 萬元
每月固定存款	1 萬元
年終存款	2 萬元
每年累計可存款	14 萬元

年終	10 萬元
保險	3 萬元
紅包	2 萬元
所得稅	1 萬元
車險	0 元
汽車稅金	0 元
總和	6 萬元
剩餘	4 萬元

製表／雨果

▶ 預算規劃必須實際且可行

如果你覺得以上的預算規劃，可以存下來的錢太少，當然可以依照自己的需求進行調整，通常進行一段時間之後就會知道哪一個類別還有空間能再節省。從過去十幾年的記帳中發現，日常飲食花費其實占比很低，反而是偶爾買東西的特定花費比預期高出不少，可能我個人比較不重視美食的關係，所以預算規劃真的因人而異，而預算金額也會隨著價值觀、人生階段、收入而滾動式修正。

在運作兩年之後，應該就可調整到實際且符合自己需求的預算規劃，也更能確定每個月與每年可以存下的金額，這時候就可以做出類似前一章節的退休金試算表，清楚計算目前手中可進行投資的現金資產，還有每月可以存入的金額，以一個合理的年化報酬率來推算退休金計畫，確認目標退休金是否符合現實情況。

本章節的重點在傳達若能善用記帳方式，並把消費預算調整到能接受的生活品質，就可以知道自己每年有多少資金可以進行投資。再將此金額拿去套用在退休金試算表裡，就能夠清楚知道你的退休計畫的可行性，還有沒有需要再進行調整，才不會畫了一個美好的退休大餅，卻一直都沒發現收入與存款比例根本做不到。

雨果的記帳表格

如果你也想參考使用 Excel 記帳，提供記帳表格**圖 3-1** 供您參考。（請使用電腦下載 Excel 表格，並對照書中的表格編號使用）

⊕ 表格下載 :https://bit.ly/3JkYMdC

整理個人「資產負債表」

想存退休金，除了存錢與投資之外，首先要知道自己想過的生活型態一共需要多少錢，而現在準備了多少，如果不清楚目前的資產狀態，就無法選擇適合的投資方式，到底是要更積極，或是可以保守。所以在準備退休金時，請真實面對自己的資產狀況。相較於公司的資產負債表，整理個人或家庭的資產負債表簡單許多，主要就是知道目前的現金、動產、不動產的價值。

● 整理你的家庭財務報表

整理家庭的資產負債表建議以現金或類現金的資產為主，難以估計其確切現值，或是不容易變現的資產，可以進行登記但不計算其資產價值則會比較保守。你可以整理的現金與類現金資產有銀行帳戶的現金、金融證券與黃金等項目，可以登記但是不需要換算成現金價值的資產有房地產、汽機車與非上市公司股份等。名下如果有房，可登記戶數，是否還有貸款、是否出租等資訊以供參考。

表 3-2：個人資產負債表範例

		2017 年		2018 年		2019 年	
		金額 （元）	比例 （%）	金額 （元）	比例 （%）	金額 （元）	比例 （%）
台幣	富邦銀行	120,000	2.0%	180,000	2.9%	200,000	2.9%
	永豐銀行	360,000	6.0%	300,000	4.8%	360,000	5.2%
	郵局	500,000	8.3%	520,000	8.3%	550,000	7.9%
外幣	美金	400,000	6.7%	420,000	6.7%	150,000	2.2%
	日幣	300,000	5.0%	310,000	4.9%	360,000	5.2%
證券	元大證券	2,500,000	41.7%	2,650,000	42.2%	2,800,000	40.2%
	永豐證券	2,000,000	33.4%	2,100,000	33.%	2,700,000	38.7%
其他	黃金	260,000	4.3%	250,000	4.0%	280,000	4.0%
負債	貸款負債	-450,000	-7.5%	-446,000	-7.1%	-430,000	-6.2%
	總資產	5,990,000		6,284,000		6,970,000	

台幣現金	980,000	16.4%	1,000,000	15.9%	1,110,000	15.9%
外幣現金	700,000	11.7%	730,000	11.6%	510,000	7.3%
股票證券	4,500,000	75.1%	4,750,000	75.6%	5,500,000	78.9%
其他類現金	260,000	4.3%	250,000	4.0%	280,000	4.0%

不動產	位置	大小	格局	貸款
房屋	中正區	45 坪	3/2/2	0
房屋	信義區	23 坪	2/1/1	-8,000,000

製表／雨果

　　資產負債表約每年整理一次，並保留每一年的紀錄，就可以清楚知道資產是否有增加，增加幅度是多少，離目標還有多遠，資產配置比例是否需要調整等，上頁表 3-2 可作為參考範例。

　　同樣的道理，你也可以整理一張簡單的現金流量表，整理出每個月與每年確定的現金收入，內容包含工作收入、獎金、股票債券配息、定存利息等，也列出每個月需要償還的貸款，還有每個月與每年預計的生活花費預算，就可以簡單整理出每年的收入是否大於花費，可負擔貸款金額有多高，有沒有能力增加存款金額，對於規劃的退休目標是否能如期達成等。這是我自己習慣的方式，當然你不一定要照這著做，我認為如果能清楚了解自己與家庭的財務狀況之後，就能做出有效且可實踐的計畫，看著自己的計畫逐步達成甚至超前，將會產生更大的信心，然後繼續長久實行。

資產負債試算表

「表 3-2：個人資產負債表參考」，你也可以自己試算看看。（請使用電腦下載 Excel 表格，並對照書中的表格編號使用）

⊕ **表格下載 :** https://bit.ly/3JkYMdC

選對適合的保險，
打造人生安全感

　　大家都想學習如何透過投資賺錢，不過投資不等於理財，而是想辦法用錢滾錢，所謂的理財除了賺錢，更要省錢以及存錢，讓個人資產可以更有效率地被運用。在投資過程中，一定會發生獲利與虧損，我們將部分收入投入金融商品，希望可以透過投資與複利擴大資本，達到退休或提早財務自由。但是人有旦夕禍福，如果在這數十年累積資產的過程中發生意外，或是非預期的大額花費，可能嚴重影響資產累積計畫，那該怎麼辦？

▶ 要事先防備「意外」會到來

　　每個人都希望人生能夠幸福順遂，投資賺大錢，從此過著幸福美滿的日子，可是人生畢竟無法像童話故事般照著劇本演出。我們終究無法預測未來，所以在理財過程中，對於無法預期的風險更需要事先防備。所有的投資都先需要有一筆本金收入，沒有收入根本就不用想投資理財，所以持續獲得收入是投資理財與生活

的一切根本。若有一天發生收入中止的情況，譬如中年失業、因意外傷殘暫時失去工作能力、或者因父母生病導致無法繼續從事原本的工作，這些狀況都可能大大影響原本的理財計畫。

建議年輕人剛出社會時就在工作之餘，多花時間學習其他領域專長，或深入加強工作領域的技能、經驗與人脈。如果擔心中年失業，就要在年輕時多累積經驗與技能，讓自己有足夠的競爭力及實力，若是擔心該產業可能沒落或被新科技取代，更要學習新技能並提早轉換跑道。如果是因為生病或意外導致收入銳減，甚至職場生涯中斷，就可以透過保險來彌補部分的收入與損失，以下說明人生必要的保險產品，提供大家參考。

▶ 防患未然，保險不可少

保險的觀念是將風險轉嫁給保險公司，盡量降低或避免因意外發生而導致自己必須承受的重大損失，人生不可能規避所有風險，就如同投資也不可能完全沒有風險，規劃保險商品應該優先考慮規避「自己無法承擔的風險」，而非「規避所有可能的風險」，或是「發生風險如何可以回本甚至獲利」。舉例來說，如果你已經存到 100 萬元的資產，對於手術住院 7 天可能需要 10 萬元的花

費，這樣的金額還算是可以承擔的風險，雖然花掉這 10 萬元會心痛，但是並不會對生活造成無法恢復的影響，對於累積資產的影響也只有 10%。但是，如果是生了一場大病需要做重大移植手術或是癌症，整個醫療與恢復過程需要付出上百萬元，這個風險就可能會用光所累積的資產，所以你應該要設法用低成本的方式來轉嫁風險，不要因一場病痛讓資產歸零，隨著資產增加，你可以承擔的風險程度也將會提高。

● 1.「意外險」很重要

　　首先，最基本也是最重要的保險為「**意外險**」，人壽險與產險都有意外險可以購買，意外險顧名思義就是，因意外發生財務損傷或個人身體傷殘與死亡時會理賠的險種，身體健康可以透過健康飲食、規律生活與運動來維護，但「意外」就是無法預知與預防的事，所謂「天有不測風雲，人有旦夕禍福」，明天和無常何者先來真的難以預測，所以意外險是最基本需要投保的險種。產險的意外險價格比較低，每 100 萬元的保費每年大約 2,000 ～ 3,000 元之間，如果保額越高，每百萬元的保費單價就會更低。多數人考慮的是因意外過世後可以請領一筆大額理賠金，這筆錢留給家人或小孩過生活，通常會依照小孩的年齡與家庭需求考慮投保金額，就算僅有 100 萬元也不無小補。

但更重要的是傷殘理賠，如果因意外造成不同程度的殘障，例如截肢、失明、燒燙傷等會嚴重影響工作能力的傷害，意外險也會根據不同程度的傷害提供保額 5% ～ 100% 的理賠金，所以如果投保 1,000 萬元的意外險，每年保費約一萬多元，若發生意外造成比較嚴重的傷殘，或許可以獲得 500 萬元的理賠金，這筆錢可以負擔整個家庭好幾年的生活費用，如果是意外死亡，1,000 萬元也足夠讓家人使用 10 ～ 15 年，不至於讓家人頓時失去依靠。

每年花一萬多元的成本可以降低意外造成的財務風險，如果你的資產已累積到數百萬元，或許還可以吃老本過一段時間，但若是剛出社會工作不久，沒有多少資產，那這幾千元的保費就可以在風險發生時，提供數百萬元的財務補貼，不至於讓生活陷入困難，導致原本的理財規劃需要重新調整。

● 2.「醫療險」也不可或缺

再來是「醫療險」，感謝台灣健保制度讓生病的人可以不用負擔龐大的醫療費用，但某些醫療不給付的疾病還是可能需要可觀的診療費用，尤其是效用比較好的不給付用藥。過去較常投保的是住院醫療險，僅有住院時才會理賠，但現在很多疾病已經不需要住院，常常是門診小手術後就可回家。就算是住院也只需要住 7

天，理賠金額大約 1 ～ 2 萬元，但是一場達文西微創手術費用就要價 10 ～ 20 萬元，所以目前更實用的是有實支實付的醫療險，建議實支實付保額可投保到 20 萬元以上，依年齡不同，定期險保費可能在 1 ～ 3 萬元，如果真的生病需要做重大手術，至少保險可以彌補這 20 萬元的費用，大幅減輕經濟負擔。

● 3.「失能險」為另一道防火牆

另外，若因生病或意外造成失去工作或生活自理能力，「失能險」是另一道防火牆。意外險只有保障因意外發生的傷殘理賠，失能險可以涵蓋因疾病所造成的失能狀態，例如中風、糖尿病等。失能險的理賠方式為在確認符合條件後，保險公司會先理賠一筆一次性的金額，這筆錢可使用在醫療、購買輔具或建立無障礙空間的花費上，後續還會每年或每月固定理賠金額，金額依據投保額度而定，一般都是以每月 1 萬元為級距。譬如你認為需要每個月有 3 萬元的理賠收入當生活費或看護費，你就可以投保 3 萬元，有了每月固定的理賠給付，可以減緩資產消耗的速度。

● 4.「重大傷病險」可補足重大疾病所需花費

而某些疾病可能造成你無法工作，但是又未達到失能的標準，這時候「重大傷病險」就可以彌補這部分的風險。重大傷病險只

要獲得健保局核發重大傷病卡即符合理賠條件，健保型的重大傷病險，包含 22 類 400 多種疾病，像是癌症、洗腎、慢性疾病、重大器官移植、腦血管疾病、肝硬化、漸凍症等。重大傷病是屬於一次性的理賠，理賠金可自行運用，不需要就醫單據，搭配醫療險與失能險，可大幅避免各種因疾病造成的大額花費風險。

以上說明的險種整體投保下來，若都以定期型方式投保，以 30 歲的男性來說，保費大概介於 3 ～ 8 萬元，取決於個人所需要的理賠金額，以每年幾萬元的保險成本保障可能需要數百萬元的醫療與生活費用，是相當值得付出的成本。而且每年多 3 ～ 8 萬元也不會過度影響你的退休金累積，反而是當發生這些風險時，鉅額的醫療與生活費用的缺口會嚴重影響你的投資計畫，甚至是生存能力。

● **5.「癌症險」漸趨重要**

癌症是目前奪取人類生命的主要原因之一，如果行有餘力請考慮額外投保「癌症險」，台灣的生活環境與飲食習慣，讓台灣人的罹癌機率相當高，雖然重大傷病險也有涵蓋癌症，但畢竟是一次性的理賠，理賠金額 100 ～ 200 萬元花完就沒有了。癌症治療過程中需要的住院、手術、化療、標靶藥物，累積起來的費用相

當驚人，我們無法預知需要的住院診療時間，如果治療時間超過 3 個月，費用也可能高達數百萬元，這就不是單筆重大傷病險能夠負擔的金額。所以兩個險種相輔相成，再加上醫療險，就可以讓因罹患癌症需要付出的費用轉嫁給保險公司幫忙負擔。

● 6.「壽險」可依個人需求

　　最後則是「壽險」，在台灣最常被大家提及的壽險，反而不是第一優先需要投保的險種。壽險的理賠是在投保人不管任何非人為因素過世而理賠的險種，這筆理賠金額就是在投保人離世後給指定受益人使用的錢，通常會是給配偶或小孩。如果你是單身，沒有人會因為你離開而陷入生活困境，其實你只需要投保 10 ～ 30 萬元，當作辦理喪葬的費用。如果你有小孩，那就需要計算家庭跟小孩每年需要的花費，至少可以投保 5 年生活費的壽險額度，以保障家人不會頓時失去生活依靠。

　　若有房屋貸款也要評估是否需要用壽險理賠金還清房貸，但現在的房貸都相當高，想要用壽險理賠來付清房貸，保費相對高，所以這一點並非必要。當小孩已成年有工作能力時，你完成了階段性責任，壽險又變成非必要的保障了，這時候相信你的資產應該也超過 50 萬元了，足以負擔喪葬費用，倒是未必需要投保壽險，

或者也可利用壽險來幫小孩準備遺產稅的費用。

▶ 行有餘力可幫父母投保

　　以上所提到的險種，我盡量都是以定期險進行規劃，因為費用較低，而且有些險種只在某段特定時間有其需求，如果都要用終身型來規劃，費用會高達數十萬元，非一般人能夠負擔，尤其是壽險。但在某些情況下，壽險就必須要用終身型來規劃，像是想要將資產轉移給繼承人，舉例來說，你想留 2,000 萬元給孩子，但如果有 2,000 萬元的遺產，孩子將可能會需要負擔最高 75 萬元的遺產稅，而如果是購買 2,000 萬元的終身壽險則不會有遺產稅。

　　如果在年輕時投保，保費也不用高達 2,000 萬元，等於可以用較低的費用來完整的轉移 2,000 萬元的資產給孩子。還有一種情況是高資產家庭，小孩可能會繼承數千萬、甚至上億元的遺產，需要繳交上千萬元的遺產稅，這時候就可以利用終身型壽險先幫小孩需要繳納的遺產稅準備好。但想要透過保險避免遺產稅而轉移資產的人，需要了解現今法規規定，若違規將會被國稅局認定保險理賠為遺產所得收入，那就得不償失了。

如果你有厚實的經濟能力，可以進一步為家人投保，尤其是父母雙親，老一輩的人大多沒有保險觀念，許多長輩認為保險不一定會用到，繳出去的保險費都是浪費錢，所以很多長輩都沒有保險，就算要投保也是保可以回本的險種。但這其實是錯誤的觀念，可回本的保險產品是我非常不建議的保險與理財方式。當父母年老開始生病需要醫療費用，大多是由子女幫忙負擔，這是一筆可能會發生且無法預期的費用，如果兄弟姊妹能共同分擔，用每年 2 ～ 3 萬元幫父母投保醫療險，到時候就可以減輕醫療負擔了。

上述的保險規劃建議與分享都只是基礎概念，建議細節還是詢問專業的保險業務員，並請他們依據你的需求與情況規劃適合的保險，並非每個保險員都具有完善的規劃概念，而且每個人重視的部分也不同，自己還是要多學習，深入了解保險的目的與分析自己的實際需求，再來跟保險員溝通，才不會買到不適合的保險商品，或是付出非必要的高額保費。透過保險規劃可盡量排除投資理財過程中，可能因意外或疾病而出現的風險，將可能的重大支出轉移給保險公司負擔，避免辛苦累積得來的幾百萬元資產，在一次意外或疾病中全部花光，嚴重影響理財規劃與進度。

人生不會一帆風順，預備好生活周轉金

　　我們在進行財務規劃時，通常都會以目前的收入與消費模式，推估未來每年可以存多少錢，加上預期投資報酬率，每年可以增加多少金額，二十年以後可以累積到多少資產，這些推算方式都是建立在目前的收入與消費維持不變的前提之下，試想，如果有一天突然發生收入中斷或減少的情況，那應該如何面對往後的人生呢？

　　人生總是伴隨著各種問題發生，沒有任何人可以一輩子都順風順水，所以一定要有「未雨綢繆」的準備，當災難發生時才不會驚慌失措。所以在面對突然收入中斷的情況時，我稱之為「災情應變計畫」，對於可能發生的問題都必須先計畫好應對方式，當真的遇上最糟糕的情況發生時，也就不會太緊張，甚至可以立即反應，也能避免做出太衝動的決定，只要照著計劃執行就好。

▶ 居安思危，做好事前準備

在投資過程中，最常聽到要用閒錢進行投資，所謂的閒錢是指這筆錢在幾年內都不會需要用到，這不包括不能動用的生活準備金。我們先談生活準備金，理想的生活準備金至少要準備 6 個月的資金，如果一個月的家庭必要花費是 8 萬元，那就需要準備至少 48 萬元在銀行定存，這筆錢是絕對不能拿來進行投資加碼，因為這很有可能是你的救命錢。

準備好這筆生活準備金，就表示有 6 個月的時間沒有收入也不用擔心，有 6 個月的時間可以找下一份工作，雖然準備好生活準備金，我們也沒有把握 6 個月之內就可以找到適合的工作，或是薪資收入跟原本差不多的工作，所以還會需要透過災情應變計畫控制支出，所謂的災情控制計劃就是立即減少家庭支出，讓 6 個月的生活準備金可以撐得更久，以及有更多時間籌措其他財源。

下一頁的「災情應變計畫內容」僅是分享我個人淺見給大家參考，每個家庭的需求與能力都不同，到底該先挪用退休金，還是先解約保險，或是犧牲小孩的課外學習，都要依自己的實際情況進行評估，保留較為重要的項目。你可以先試想如果有一天突然

失業了，你要如何立即減少生活開銷，有沒有可以捨棄的固定支出，或是選擇先做退而求其次的工作，並且思考可以籌措生活費的其他管道，像是兼職或接案，增加其他收入，現在就來擬訂你的「災情應變計畫」吧！

災情應變計畫內容：
- 立即停止非必要的娛樂消費與活動，避免購買非生活必需品。
- 設定可以立即換成現金補充生活費的投資項目。
- 若 3 個月後還沒有找到新工作，針對非絕對必要性的保險進行解約或減額繳清以減少支出，可先從無保單價值的定期險著手。
- 帳戶現金快用罄時，考慮停止孩子的課外學習課程，降低花費。
- 若節省支出後的生活準備金僅剩 2 個月，請考慮找收入比之前低的工作，先獲得收入維持目前家庭生活。
- 繼續找其他更適合或薪資更高的工作，等到工作重回軌道後，再重新擬定或調整退休理財計畫。

改變投資觀念，
踏上財富自由之路

　　希望讀者可以建立一個觀念，如果想在短時間之內就有錢入袋，那叫做賺錢的方法；而幾十年的長時間都能持續提供獲利的才是投資的方法。投資的方式有很多種，也可以很簡單，但大部分的人其實都在尋找短時間內可以賺到錢的方法，甚至是充滿賭博性質的方式，所以虧損機會相對高。現在請你想一想，目前進行的投資方式是否在大部分時間都能帶來合理的獲利，這樣的方式能否維持幾十年都還可以有獲利？

●「投資」是一輩子的事

　　投資不但要有正確的方法，也要有足夠的時間長期累積，你想要的是一顆會越滾越大的雪球，而非一顆直接從天上砸下來的冰雹。所以投資因素裡最有價值的是「時間」，影響投資選項最重要的因素也是時間，當你清楚知道何時會使用到這筆錢，那麼就明白自己應該怎麼選擇了。舉例來說，半年後需要用到的錢，就不可拿來投資房地產，三十年後會使用到的退休金，就不急著在

這兩年就看到驚人的報酬率。

▶ 克服崎嶇的投資之路

　　投資的過程不會永遠順利，高高低低的獲利很正常，退休金的累積也不會每年如前面章節的試算表那樣照表操課，投資報酬率更不會每年都是 8%，你的工作收入也不會每年都相同，有可能更多也可能更少，也許某一年突然獲得一筆大獎金或是意外之財，或是結婚生子需要有大筆支出，除非發生重大意外不得不重新調整規劃，否則你的投資理財方向應該不會受到很大的影響。

　　理財除了投資獲利的部分之外，還需要努力工作提高收入，調整正確的金錢價值觀以及消費習慣，同時盡可能地存錢，並利用保險提供未來保障，避免自己的理財進度受到很大的影響，建立這些觀念與心法，了解並深信這些價值的真正意涵，你的財務自由之路就能走的安穩、平順。接下來的章節將正式進入投資階段，在進入最好的長期投資方法之前，我們會先了解各種投資方式的性質與適用性。

04

投資的工具選項有很多種類型，包括房地產、股票、土地、
新創公司等等，每一種的風險和利潤都不同，找到最適合你
的工具才能因應所需。

投資面面觀，
找出最適合的
工具選項

尋找適合自己的投資選項

　　「投資」是大家耳熟能詳的兩個字，但真正了解其意義的人不多，大部分的人都認為投資就是像購買股票、定期定額基金，期待獲利增加財富。其實，投資的面向和工具可以分成很多種，例如投資房地產、土地、上市企業、新創公司、連鎖餐廳等，各種只要投入資金就有機會獲得利潤的項目。投資標的不同、風險不同、預期回收獲利的期間不同，可期待的投資報酬率與金額也不同。現在我們縮小投資範圍，專門討論商業活動。

　　簡單來說，就是直接投資上市公司，深入了解公司的營運狀況，並在股票市場進行交易買賣，完全持有單一公司的股票，你的報酬與虧損就全由該家公司的經營績效與股價決定。如果資金較多者，可以分散購買好幾家公司的股票，分散風險。如果看好的是某一個產業，但不知道要選擇哪幾家公司，可以直接購買該產業的「指數股票型基金」（以下簡稱ETF），例如半導體、金融、AI、5G、機器人等產業，或是看好某個國家，像是中國或美國市

場，那就可以買進中國或美國的指數型 ETF，而不是中國或美國的某幾家公司的股票，ETF 可以直接持有該市場的數百家甚至上千家公司的股票，如果你想投資的是某個區域，例如東南亞或是歐洲市場，你也可以購買區域型 ETF。

▶ 投資指數型股票（ETF）可分散風險

「雞蛋不要放在同一個籃子」，投資過度集中，一旦發生危險就可能全軍覆沒，所以通常要分散投資風險，當投資範圍越廣，風險就會越低，但同樣的報酬率也會降低。因為你取得的是一個國家或一個區域的整體報酬，裡面包含了大部分成長的公司，但也同時有衰退的公司，投資標的與範圍可大可小，如何選擇需要自己取得平衡，選擇前先評估自己的需求與風險承受能力。對於初入股市的人來說，我會建議先從相對簡單、風險報酬都較低的指數型股票 ETF 開始，其實就等同於基金公司販賣的基金產品，基金可以單筆或小額定期定額買進，用一筆固定的金額購買不同的基金單位，而 ETF 就是把基金放在股票市場交易，每次購買最小單位為 1 股或 1 張，金額取決於當時的股價而定。

●ETF 相較於公司個股更為穩定、安全

建議投資人可以先從基金或是 ETF 著手投資，是因為這些指數型金融商品主要都是投資某個特定產業或是國家，持股可以有數十或上千檔股票，相對不會因為某幾家公司營運不善或倒閉，造成本金巨大虧損，但同樣也不會因為某幾家公司表現亮眼就獲得巨大收益。

對剛開始學習投資的人來說，可以較為輕易理解未來產業的發展趨勢，例如最近常被提及的 5G 行動通訊技術、AI 人工智慧、或是自動駕駛等新科技，投資人很難評斷產業中有哪幾家公司會因此受益而有爆發性的成長。所以與其賭上特定幾家公司，不如先選擇包含大部分公司的基金與 ETF，相對難度較低，等到投資經驗豐富了，也學會如何分析特定公司的財務狀況與產業發展之後，再去規劃少部分資金購買個股股票，等整體投資成效變好，再逐步放大投資比例。

▶ 投資美股，放眼全世界

熟悉台股市場之後，或許可以開始考慮全球市場，透過基金或是買美股。台灣有許多基金投資全球不同產業、國家與區域，但缺

點是管理成本高，如果你有複委託帳戶或是美國券商帳戶可以購買美股，就能用更低的成本購買美股或上百檔指數型股票 ETF。

● 國際化市場更能分散風險

台股的主要成分股大多集中在科技類股與銀行類股，如果科技或銀行類股在某幾年表現不好，則台灣指數也會受到影響，而且台灣只是亞洲區域裡的一個國家，如果亞洲出現問題，例如亞洲金融風暴，台灣很難不受到波及，所以若你只是投資台灣 50（0050），其實就是單獨將投資重壓在台灣單一市場，甚至是半導體科技產業之上，若想要分散風險或是投資更多其他發展性比台灣更好的國家，就必須要透過基金、ETF 或是複委託進行投資，進一步嘗試投資成長潛力股看好的公司，例如蘋果（Apple）、亞馬遜（Amazon）、特斯拉（Tesla）、可口可樂（Coca-Cola）、微軟（Microsoft）等全球知名公司。

● 建議購買美股的 ETF

在投資逐漸有心得之後，即可將目標放到美國股市，因為投資就是要投資強大的企業，透過企業的成長進而帶動股價表現，讓投資人可以跟著一起享受獲利。美股可以買到許多世界級的大企業，而世界各國具有競爭力的公司也幾乎都會在美國上市，所以

一旦有了美股證券戶，或是透過台灣複委託，就可以投資全世界最厲害的大型企業，而台灣市場能稱得上世界級的公司大概只有 3 ～ 5 家，透過投資少數幾檔指數型股票 ETF，就可以擁有世界級企業的持股，相對於投資個股來說，更省時省力，而且也有機會用二十年的時間就累積到需要且合理的退休金。

投資債券也是另一種風險相對較低的方式，債券可分為國家級、政府級與公司級，以國家名義發行的債券當然風險最低，相對的給予的利息也是最低，政府級次之（州政府、省政府、或市政府），其次是公司級債券。債券的風險主要來自發債人無法如期配發利息，或是發生倒閉連本金都無法返還，也就是所謂的倒債。可以想像美國政府倒債的可能性比較高，還是蘋果公司倒債的可能性比較高。但政府公債的利率相當低，以美國政府十年期公債為例，2000 年的時候殖利率約有 6.5%，到 2020 年僅剩下 0.5%。

▶ 保險不適合用來投資

台灣有很多人會購買保險公司的儲蓄險或是年金險，不管是繳費 6 年、10 年，之後一筆領回還是每年領生存金，其報酬率換算大約都在 2%。道理也不難理解，因為保險公司拿保戶的保費去投

資，追求穩定且較高的報酬，目前市場上可以提供穩定報酬率的
商品利率大約也只有 1% ～ 3%，保險公司需要搭配高低不同報酬
與風險的產品，才能給付要發給保戶的現金、業務獎金、公司營
運管理費用與股東獲利。這也是為什麼十幾年前還可以買到換算
利率超過 8% 的年金險，而現在大約都在 2% 左右的原因。

這樣的報酬率不比公債殖利率高出多少，僅能抵銷通貨膨脹，
而且還要被限制住現金流動性，如果提前解約還會產生本金虧損，
所以保險商品比較適合收入高的有錢一族，有閒置資金再去買保
險商品，一來可保本抵銷通膨，又可同時擁有壽險保障，但對於
累積退休金來說，儲蓄險與年金險會與政府公債一樣，不適合當
作主要投資手段。

以上介紹的不同投資工具適用於不同工作收入、不同人生需
求、不同投資個性與不同人生階段的人，在做退休投資理財規劃
時，需要先了解可運用的工具，各別的特性、優缺點、風險與限制，
依據自己的人生階段與需求規劃最適合的投資方式。若能尋求專
業的理財顧問（CFP）幫忙規劃與分析，將會比自己亂猜亂嘗試更
好，畢竟現在是低利率、低工資的時代，每一筆錢的運用都很重
要。

投資股票
新手最容易入門

　　上一篇介紹多種投資工具與項目，相較於房地產、土地、債券等資金龐大的不動產商品，對所有人來說最容易入門的莫過於股票市場了。你只要有 3,000 元就可以開始投資指數股票型基金 ETF，投資範圍也包含了所有產業，無論是電子業、連鎖餐廳、保險公司、銀行證券、傳統產業、民生用品企業、甚至是房地產，都可以作為投資標的。

　　投資股票不僅開始需要投入的資金門檻低，連進出市場的限制也不高，只要在股市交易時間買進某公司的股票，就等於成為這間公司的小股東，接著等待公司或市場的成長為股東帶來獲利。若你覺得購買的公司股票未來不被看好，你也可以隨時在交易時間內賣出持股，完全不需要跟任何人交代，變現的流通性相當高。不像創立公司若與他人合股，想要拆夥還要跟其他股東商量找人接手你的股份，還要進行一連串公司登記變更等文件調整，而賣出的價格更不透明，如果公司前景不被看好，你也只能低價求售

拿回投資本金。股票投資的遊戲規則非常簡單，買賣由自己決定，風險自負，是一種獨立作業的投資工具。

▶ 投資股票，等於投資國際知名企業

而買股票的另一個好處是可以投資全世界，透過台灣股票市場可以投資台灣各產業的上市櫃公司，若透過複委託或是美國券商就能直接投資全世界的公司與產業。你可以投資美國 Apple 公司、德國德意志銀行（Deutsche Bank）、澳洲最大的連鎖超市 Woolworth、日本濱壽司連鎖餐廳、美國規模最大的遠距醫療保健公司 Teladoc Health 等知名國際企業，而且不需要經過任何人的同意就能輕鬆入股，一起享受公司成長所帶來的甜美果實。

在投入股市之前，請認真思考是否已有一筆閒置資金可用來投資？對於想要投資的產業是否有研究，或是要集中投資，還是分散購買多檔個股以降低風險？是否具備金融市場的基本認知，股票交易的相關操作等投資之前需要準備的事情，若是你已經準備好，那就可以勇敢踏入股市，體驗金融市場的魅力。

眼光放遠，
追求收益最大化

近幾年很常聽到人家提到 ETF，到底什麼是 ETF ？ ETF 全名為『Exchange Traded Fund= 股票型指數基金』，又可稱作是被動式基金。是一種由投信公司發行，追蹤、模擬或複製目標指數的績效表現，在證券交易所上市，可交易的開放式基金。 ETF 同時具有開放式基金及股票之特色，上市後可下單買賣。

ETF 是一種分散風險的投資標的，台灣市場最常被提到的兩檔 ETF 就是台灣 50（0050）與台灣高股息（0056），「台灣 50」屬於被動式 ETF，規則是挑選台灣市值前 50 大的企業依市值比例進行投資，被動式投資就沒有人為選股的影響，而「台灣高股息基金」就屬於人為選股的主動式 ETF，規則是挑選預期下年度可以有高現金配息的企業進行換股投資。

投資台灣 50（0050）就等同於投資台灣前 50 大規模的企業，市值占台灣股市近七成，可以說投資台灣 50 等於投資台灣這個國

家。如果你曾有購買基金的經驗，就會知道也可以透過基金投資印度、中國、美國等單一國家，台灣的產業將近一半著重在半導體與電子零組件產業，可以視為投資台灣等於重壓半導體與電子業，這個產業的未來發展將會大幅影響投資績效。如果想要降低風險、分散投資，其實可以將眼光放得更遠更廣，跨出單一市場，進一步投資全球。

　　不管是透過基金、複委託、或是海外券商，都可以投資全球的國家與產業，最簡單的方法是直接投資全球，買進所有國家超過 8,400 檔股票。如果你對世界經濟發展有些微了解，也可以單獨投資特定區域，例如中南美洲、大中華地區、亞太地區、歐洲等。若對於某些國家的未來發展特別看好，像是正在轉型發展中的東南亞國家，也能直接投資越南、印度、南非、或是中國等單一國家。投資的機會很多，不一定只能選擇台灣的公司或是單一市場。你也可以針對產業進行投資，譬如自動駕駛、生化科技、量子電腦、房地產、基礎建設、石油等，雖然針對產業似乎就比較沒有單一國家的問題，但事實上多數產業仍集中在美國市場。

▶ 分散風險，提高獲利機會

利用 ETF 持有數十家公司的股票，等於把資金分散到數十家上市公司，以台灣 50（0050）為例，若某段期間有 30 家公司股價成長、10 家公司持平、10 家公司衰退，或許成長與衰退相互抵消後，就可以換得大約 20 家的公司股價成長獲利，而你不需要有能力去猜測這 20 家公司是誰。

我們再把投資市場從一個國家擴大到全世界，你可以投資台灣股市，也能投資美國股市，更可以投資歐洲已開發國家、新興國家、太平洋地區或是其他特定產業。美國雖然是一個很強盛的國家，美股表現也十分亮眼，許多投資人都單壓美國單一國家，但在 1999 ～ 2006 年的美股是處於下跌與盤整階段，而同時間的新興市場的股市卻飆升了好幾倍，如果你只單壓美國股票市場，你就會錯過至少五年以上的新興市場股市的噴發機會，你敢說未來二十年內這種情況不會再發生嗎？

▶ 投資 ETF，等於提高命中機率

分散投資不僅是降低投資集中的風險，同時也是增加投資命中

的機會。舉例來說，如果將 30% 資金投資在已開發國家，30% 投資在新興市場，40% 投資在美國，如果全球股市欣欣向榮，那麼所有資產都可以參與到經濟成長，皆大歡喜。如果又碰到某幾年美國經濟衰退，但新興市場活躍發展，至少有 30% 的資金會參與到這一波成長，又若是碰到新興市場資金往成熟已開發國家流竄，至少也會有 70% 的資金參與其成長，而下跌的部分僅有 30% 的資金。

只要你認同這個世界的經濟會不斷成長、科技會日新月異、動亂之後會回歸正常，那你就可以放心的把資產投資在全世界，等待世界經濟的成長為你帶來實質的報酬。無論現在是美國、亞洲、還是歐洲市場在當經濟成長的火車頭，未來無論如何輪動，你將不會錯失機會。

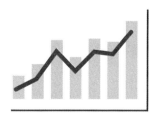

投資政府公債與公司債券

除了透過購買公司股票來參與企業的成長之外，「債券」也是另一個熱門的投資金融商品，債券（Bond）被稱為固定收益型商品（Fixed income），就是一種「借據」，借據上承諾在到期前每期支付固定的利息，到期時則是會一次還清票面面額上的本金。債券跟定存的性質非常相似，都能每期固定領利息，差別在於定存幾乎不會有危險，而債券則是可能有拿不到利息的風險，而且本金也會隨著經濟景氣與利率波動。

投資債券時，我們要關心公司是否有足夠支付利息和本金的能力，如果付不出來就稱為債券違約。股票和債券不同之處在於，如果公司經營狀況很差，股價會下跌、未來報酬或配發的股利也會減少，但債券是無論公司經營狀況如何，只要公司現金足夠支付利息，到期就可以拿回本金，債券價值不受影響，儘管到期前會有波動。

你應該常常聽到新聞報導，xx 國家需要資金時就發行債券，

我們稱之為「國債」或「公債」，美國州政府或市政府也會發行債券，稱之為市政債，而當一個公司需要資金時，也會發行債券，稱為公司債。債券的性質都一樣，都會有幾個基本資訊，包括票面利率（Coupon rate）、到期日（Maturity date）、發債機構和信用評等（Credit rating）。簡單解釋，如果是國家要借錢，可能就會發行一檔面額為 100 萬美元的債券，上面會註明票面利率 3%，債券到期日是 2050 年年底，由某金融機構發行，信用評等為 AAA，如果現在的實際銷售價格為 110 萬美元，則換算實際殖利率為 2.73%，不同債券的單張票面價值也不太一樣，若是公司發行的公司債，單張面額可能是 10 萬或 20 萬美元。

▶ 債券的價值隨著市場波動

　　債券本身價格是會波動的，最主要是受到市場利率的影響，例如銀行定存的利息是 3%，若債券票面利率也是 3%，基於風險考量，直接將資金放銀行定存就可以了。所以債券在發行時就必須要調高利率，否則發行後債券的價格就會降低，譬如跌到換算買入價的殖利率來到 4%，就會有投資人願意冒一些風險來多賺這 1% 的利率，價格才會穩定下來。如果是公司債，因為違約風險比公債更高，所以利率可能要到 6% 以上，才能被投資人接受，如果

市場利率調降 1%，那麼債券提供的利率就相對的更甜美，會吸引更多投資人買進，導致債券價格上漲，直到債券殖利率降低到一個投資人可以接受的標準。

　　美國政府發行的債券被稱為國債。國債根據到期期限的不同可分為三大類，短期國債，到期期限不超過一年；中期國債，到期期限為一至十年；長期國債，到期期限超過十年。也有沒有固定利息，但利息會與通貨膨脹率保持一致的政府債券，在美國被稱為通貨膨脹保值國債（TIPS）。

　　理當沒有機構會去發行一檔債券利息低到賣不出去，進而導致債券價格大跌，所以不同時期發行的債券，其票面利率大都會反映當時的市場利率狀況。還有一個情況是距離到期日越近的債券，它的價格就會越接近發行票面價格，因為剩下能領息的時間與次數都能計算，如果還用溢價過高的價格買進該檔債券，就會直接造成虧損。換句話說，離到期日越遠的債券，它的價格就越有可能比發行價還要高。風險也是影響債券因素之一，公司評等風險越高的債券，表示違約率越高，公司就必須要提供更高的票面利率來吸引投資人買入，所以在挑選債券的時候，千萬不要只看高利率就買進，因為利率同時反映的也是風險。

▶ 債券型 ETF 風險較低、易入手

通常債券發行的面額都很高，從 10 萬美元到上百萬美元都有，故銷售對象都是針對金融或法人機構，不是一般投資人，一般投資人可以直接購買一張 10 萬美元起算的公司債也不算多。所以，回到結論，**最適合投資的方式就是債券型 ETF，透過 ETF 就可以買到一籃子的美國政府公債、新興市場債、投資等級公司債、高收益債等，風險也比較分散。**但如果你特別想買某些公司發行的債券，卻又沒有那麼多資金，你也可以考慮 ETD（Exchange-Traded Debt）。

ETD（Exchange-Traded Debt）屬於交易所交易公司債券，又稱為 Baby Bond，因一般的債券面額大多是 100 美元，ETD 面額較小，都是設定為 25 美元，一年配息 4 次，許多人購入就是因為它的穩定配息。由於 ETD 的每股面額只有 25 美元，是除了債券 ETF 以外，一般投資人最容易入門的單一債券投資方法，也免去了 ETF 配息要被扣 30% 稅金的成本。但這樣就代表 ETD 是一個存退休金的好標的嗎？在做這個決定之前，你也應該要知道 ETD 的各種潛在風險。

▶ 投資 ETD 前，先評估公司營運

ETD 是由公司發行的交易債券，價格會受公司的營運狀況影響，所以投資前需要先評估企業是否會倒閉？確保是否能如期收到利息？公司的營運狀況、現金流是否正常，如果公司現金流太低無法發出利息，甚至是倒閉而導致違約，還是有可能讓本利都血本無歸。所以要特別注意第一次可贖回時間，成交價若高於 25 美元的票面價格，企業提前贖回就會造成回購價差的損失。

和股票比起來，ETD 還是有個優勢，那就是雖然公司經營不善可能導致股價下跌，連動 ETD 的價格也下跌，造成價差損失。但 ETD 會固定發利息，只要公司沒有倒閉的風險且可以正常發息，過一段時間後 ETD 的價格通常又會漲回接近或超過票面價值 25 美元，這點就比股票價值來的穩定、安全。

我相當建議債券是投資人必要的資產配置項目之一，因為債券會提供穩定的現金流，我通常是購買股票 ETF 搭配政府國債 ETF，若想要穩定領 4% 以上利息的投資人，也可以搭配部分比例資產在 ETD。

▶ 影響債券價格漲跌的各種因素

- **債券到期日**：債券票面回購價格與利息為固定時間發放，可以推算能領幾次利息，故距離到期日越近時，債券的價格就會走低。

- **信用評等**：信評機構會依據該公司或政府的還款能力進行評估，給予一個信用評等。信用評等越高的債券，表示其發行單位欠款的機率越低。風險低，更多人較願意購買，價格自然就會越高。

- **市場需求**：當股市發生突發性崩跌時，資金很可能會暫時挪移到債券市場賺取利息，待不確定因素消失時，資金又會重回股市，這個現象就會造成債券短時間明顯的漲跌。

- **利率**：當利率升高，投資人就會期待債券的殖利率也升高，當利息已經固定的情況下，投資人就會預期用更低的價格持有債券，才能有合理的殖利率。

- **通貨膨脹**：通貨膨脹與利率一樣也是一個對應比照的標準，當通貨膨脹來到 5%，而債券利率還停留在 3%，那麼持有債券反而是一種虧損 (貶值)，故債券價格會下跌，直到債券殖利率高於通貨膨脹。

05

「資產配置」就是將自己的資金進行不同產業或類型的分配，
以達到降低資產集中化的風險，同時提高財富增長的績效。

決定你的
資產配置，
才是致富關鍵

做好資產配置，
擬定個人化投資

　　前面章節已經大致了解各種投資工具了，這裡來談談所謂的「資產配置」，也就是把自己的資金財產進行不同產業或類型的分配，以求達到降低資產集中化的風險，與提高資產增長的績效。

　　舉例來說，若手上有一筆 500 萬元現金，你可以選擇放在銀行的活存帳戶，存入銀行的風險可視為零風險，然後每年固定領取活存利息，保留可隨時動用資金的彈性；或者你也可以動用其中的 100 萬元買進中華電信股票，期待每年穩定約 4.5% 的現金股利；再者也可以用 100 萬元購買儲蓄險保單，除了獲得壽險保障之外，同時也有年利率約 2% 的紅利金；還有人會將 100 萬元購買債券，每年可收取 3% 左右的利息，把 100 萬放在銀行定存賺取 0.8% 的利息。以上也是很簡單的資產配置，平均預期報酬率達 2.066%，任何一個項目的報酬率受影響，都只會影響到總資產的五分之一，妥善安排自己的資產，就是資產配置的概念。

▶ 現在流行股票與債券組合

　　資產配置的方式有非常多種組合，有一句話「錢並沒有不見，它只是換成另一種形式存在著」。過去提到的金融商品，包括股票、債券、可交易公司債（ETD）、保險、定存，與房地產等都是投資工具之一。目前最常被大家提到的投資組合就是股票與債券搭配，而且是一籃子的股票與一籃子的債券，一般投資人的投資金額通常不多，就算是擁有上億元資金的大戶，也無法直接買進上百檔足夠分散風險的個股與債券，所以股債資產配置建議透過指數股票型基金 ETF 的方式進行資金分配。

　　首先要釐清一個觀念，所謂的資產配置並非是教你買入很多不同公司的股票以降低風險，因為只要是股票就有可能會受到公司營運與景氣的影響。有些人甚至只鎖定特定產業，例如電子股、傳產股、金融股等單一族群，這樣的方式就算分散購買再多公司，都無法真正達到分散風險的效果，更不能稱之為資產配置。資產配置應該是要將資金分配到不同性質，且彼此盡量不會相互影響的金融資產。

● 資產等於分散風險

　　資產配置的核心觀念之一就是追求提高報酬率，同時也要分散風險。以剛剛的 500 萬元分配方式為例，500 萬元放在銀行活存帳戶，只能拿到 0.03% 的利息，如果分散到股票、定存、儲蓄險保單、債券等，雖然投資股票增加了風險，因為僅分配 100 萬元，風險仍在可承受的範圍內，但整體卻可能提高至大約 2% 的報酬率，如此就能達到資產配置的目的了。

　　資產配置的另一個重點是「增加命中機率」，我們極端一點以賭場的輪盤遊戲為例，輪盤上有 37 個號碼，號碼又分成紅、黑兩色，還有一個 0 號號碼可以通殺。賠率依據中獎機會有高有低，你可以將 100 元賭金單押一個號碼，也可以分成 10 塊錢押 10 個號碼，中獎率增加 10 倍，但是押中可以贏得的獎金肯定比單押一個號碼少，也就是說降低了投資報酬率，但卻增加了中獎機會。然而，你也可以將 100 元押注黑色或紅色，中獎機率接近 50%，賠率也就是最少兩倍，押顏色的概念就好像買指數股票型金 ETF，一次包了幾百或上千檔的股票。

▶ 最簡單的分散風險方式

　　除了銀行定存與債券可以確定保本又給利息的投資方式之外，其他的投資幾乎都有不確定性的風險存在，無論是股市或房市，甚至是投資新創公司，都有機會遇到好幾十倍甚至上百倍的獲利，但也可能會賠光全部的本金。所以，投資人務必要以風險為首要考量，盡量分散投資標的就是最簡單的分散風險方式。

　　但是，投資股市比賭場好太多了，賭場的輸贏只有機率問題，但投資公司卻有很多資訊可以參考，企業經營追求的是成長，並不會一翻兩瞪眼，只有中獎與沒中獎兩種結果，而且公司還會分紅配息，經營良好的公司會帶來股價增長。只是我們不知道如何挑選具有潛力的上市公司，這時候分散投資就不只可以降低虧損的風險，也是增加買到好公司的機會。

　　這也是許多投資專家建議散戶投資人購買指數股票型基金ETF的原因，利用 ETF 來持有數十家公司的股票，等於把資金分散到數十家上市公司。資產配置最好是要分散投資項目，而且要選擇彼此之間不會互相影響的金融商品，譬如公司股價通常是受景氣與資金的影響，債券主要是受到政府利率的影響，雖然投資市場

147

的資金常會在股票與債券之間流動，造成彼此漲跌而影響，但這並非是絕對的單一因素。同樣的，房地產也可以是分散投資的工具之一，或許股市大漲可能會讓投資人獲利了結，將資金拿去買房子，進而帶動房價上漲，但股市大跌的時候，未必就會造成投資人必須低價賣房求售，房市價格漲跌的因素，還是受到市場利率、政府法規政策、原物料價格與市場需求面的影響。誰說你不會碰到股市表現不佳，但房價卻被炒作大漲的情形。

在前面幾個章節中，我們已經討論過如何計算自己的退休金目標，也闡述了增加收入、養成記帳習慣、提高存錢比例與保險的重要性，接下來我們要進一步了解，如何擬定適合自己的資產配置投資方法。

每個人的家庭背景不同，經濟能力也不一樣，很難找到一套固定的方法適用於所有人。太多因素影響自己的資產配置選擇，例如父母留有房產、自身有無家族遺傳疾病或是有沒有買保險保障未來等都是考量因素之一。每個人應該依據家庭狀況、經濟能力、人生規劃與需求擬定一套資產配置計畫。但如果你想讓自己的閒置資金增值，又不熟悉任何投資管道，也不想花時間做房地產管理，那麼股票市場就會是適合做資產配置的工具，投資股市不僅

可投資公司，還能投資債券、房地產甚至重金屬等不同屬性的產業，找出適合自己的資產配計畫刻不容緩。

雨果的理財小教室

資產配置的重要觀念

- 若非產業專家或擁有充分資訊，請盡量做到分散投資。
- 選擇具有成長性，長期報酬會成長向上或至少要能夠保本的產業投資。
- 重金屬、原物料、比特幣僅有交易價格波動，不會孳息或帶來資產增長，不適合作為資產配置的主要工具
- 資產配置的效果需要經過長時間的蘊釀才能顯現，不要用 3 ～ 5 年的短期時間來評斷。
- 資產配置的方式沒有最好，只有最適合自己，不需要鑽牛角尖找出報酬率最高的方式。
- 資產配置的重點是投資標的與資產比例，並非買進時機點。如果資金還不夠多，請先做好股債配置。

多數人都適用的
股債配置投資法

最常聽到的資產配置方法就是股票搭配債券，因為債券的漲跌與股票並無直接的關聯性，甚至股票大跌時，基於避險需求，反而會讓資金大量轉進債券市場，而造成債券價格上漲。最常見的說法是：依據你的年齡來決定股債搭配比例，用 100 減去目前的年齡決定股票的占比，舉例來說，你目前是 25 歲，取十位數計算，那麼股債比例為股票 80%，搭配債券 20%。隨著年齡增加，能夠承受資產波動的能力越低，債券占比就必須跟著提高，到了 60 歲的時候，股債比例就要調整成 40:60。

假設目前股債配比是 60:40，某段時間股票 ETF 大跌 20%，債券 ETF 因避險關係逆勢上漲 5%，如果你是 100% 投資股票 ETF 的人，在那段期間的報酬率就是負 20%。但股債比例為 60:40 的人，股票跌幅占總資產的負 12%，債券漲幅占總資產的 2%，兩者相抵總資產僅下跌 10%，就達到了資產抗跌的效果。相反的，如果是股票上漲 20%，而債券持平沒有漲跌，則總資產也僅會增加

12%，所以股債資產配置的特點是讓資產波動降低，但同時期望報酬也會跟著降低。

▶ 股債配置的好處多

降低波動的好處是一來跌幅較小，投資人比較不會恐慌，投資比較抱得住。如果遇到金融海嘯的時候，別人 100% 股票的跌幅是 50%，而你的股債搭配跌幅只有 20%，就比較不會因為恐慌而亂賣股票了。第二個好處是報酬率可能更好，跌幅 50% 想要回到原點必須要漲 100%，所以只要能減輕甚至避免虧損，就可能達到更好的累積資產報酬。

請參考表 5-1 的舉例，假設連續四年的報酬率分別是 10%、15%、-30%、10%，四年下來的累積資產報酬率是 97%，第三年大跌 30% 造成較大幅的資產損失。若是讓資產搭配的漲跌幅全部降低一半，雖然前兩年的報酬率相較之下差很多，但經歷過一次跌幅縮小的洗禮後，第三年的資產累積報酬逆轉勝出，第四年恢復正常正報酬之後，下方波動較小的資產已回到獲利狀態，但上方的累積報酬還虧損 3%。

表 5-1：不同資產配置比例，波動率減半後的累積報酬率比較

年份	1	2	3	4	5	6	7	8
年度報酬率	10%	15%	-30%	10%	10%	-5%	30%	-20%
資產累積報酬率	110%	127%	89%	97%	107%	102%	132%	106%
波動率減半後								
年度報酬率減半	5%	8%	-15%	5%	5%	-3%	15%	-10%
資產累積報酬率	105%	113%	96%	101%	106%	103%	119%	107%

製表／雨果

　　但是，這並不代表長期下來，低波動組合的報酬率就會比較好，若繼續看到第七年，投資過程中沒有碰到股市大跌的情況之下，資產累積報酬率還是以上方的高波動度比較好，這意味著，承受高波動的投資方式還是較能獲得更高的投資報酬。那這樣還有必要做資產配置嗎？

　　答案是就算知道高風險的投資較易有高報酬的結果，但是仍有必要做資產配置，因為投資並非在玩數學遊戲，投資的目的是希望將來需要的時候能有比較多錢可運用，尤其是為了退休而做的投資，你總會有需要用到錢的一天，當如果需要變賣投資換取現金的時候，剛好碰上股市大跌，你就會被迫以較多虧損的方式賣股。如同表 5-1 中的第八年，若剛好碰上股災，過去幾年的績效領先，

立刻轉為成落後狀態，你永遠不知道股市表現不好的時間會有多久，你也不會知道當你需要用錢的那一年，股市表現又會是如何。

所以，若你有十全的把握這一筆投資的錢，在未來十年內都不會動用，你也不會因為看到負 50% 報酬就擔心到睡不著，只要未來十年的景氣趨勢向上，那麼確實可以百分百持有股票，不做任何資產配置，以最高波動的投資方法追求最高報酬。而預計會在五年內用到的錢，就放到保本的定存或是波動度很小的投資商品，例如貨幣基金，這也是一種以需求時間來配置的投資方法。

▶ 依個人所需規劃資產配置

談到債券，這裡提到的債券指的是政府公債，公債又有分短、中、長期債券，短期債券因為到期日短，內在報酬率幾乎都算得出來，價格波動度很低，所以幾乎等於現金或定存的流動性資產。長期債券因到期日有十年、二十年以上，很容易受到利率調整而影響價格，波動率並不小於股票，中期債券則介於這兩者之間，比較適合用來股票避險的資產。

資產配置除了股票與債券搭配之外，也可以納入不動產投資信

託（REITs）與重金屬 ETF，REITs 主要是賺取大型商辦商場的租金報酬，有比較穩定的配息。但因為其租金收益也是會受景氣影響，如果碰到股災，REITs 並沒有如同債券抗跌的功能，所以建議少量配置，大約為 10% 以下。重金屬 ETF 屬於原物料市場，跟股市漲跌比較沒有直接正相關，尤其黃金還可以在低利率時代抗通膨，同樣可以考慮如 5% 的小規模比例配置。

以美國市場為例，假設股債組合是以投資美國整體股市的 VTI 與 20 年期以上的國債 TLT 來做配置，VTI 指的是 Vanguard Total Stock Market ETF，以追蹤芝加哥大學證券研究中心（CPSR）美國總市場指數的表現，股票代號為 VTI，是一個投資美國整體股市的 ETF。而 iShares 二十年期以上美國公債 ETF（iShares 20+ Year Treasury Bond ETF，股票代號為 TLT），是美國國債市場著名的債券型 ETF，買入 TLT ETF 就等於參與了整個美國長期國債市場。回到假設，以年齡來決定股債比例，例如今年 40 歲，股票配置資產的 60%，債券配置資產的 40%；而當來到 60 歲的時候，股債比例就變成 40:60，隨著年齡越高就提高債券的比例，來降低資產的波動幅度，如果還想要再降低波動，可以將 TLT 替換成中短期債券，譬如 3 〜 10 年期的美國公債（VGIT），比較不會受利率影響債券價格。

　　也有人選擇百分百資金都投資股市，並持續投入資金，直到快退休的前幾年再將資金轉換到比較可以保本領息的債券，或是股債比例調整為 30:70 領取配息，或是股債比例調整為 50:50，以較高的股票比例繼續獲得較多的資本增長。另外，還有人會在股債搭配之外，再配置投資級公司債提高配息率，讓每年可以領得的現金利息足以支付生活開銷。其實股債配置的比例並沒有最好的方法，完全端看你的資產大小、生活需求與年齡而定，如果你的本金相當大，光靠 2% 殖利率的股債配息就足以滿足生活需求，其實也不用追求更高的投資報酬率，如果年齡已超過 80 歲，資本還是相當多，或許單放債券或定存也都很夠用。

● 資產配置可以隨時調整

　　如果退休時資產不充裕，或許仍需要高一點的報酬率來累積本金，股票的占比就要提高，但是生活備用金就必須準備充足，以免在股市下檔時還需要以低價賣出持股換取生活費。如果還有其它的房地產可以收租，根本不需要靠股票債券的配息生活，那麼股債配置就要評估後續的需求進行設定，若想要留給下一代，可能就要維持股債 80:20 的比例較適合，因為要變現的時間不是以你的年齡為參考，而是你的下一代。

股債配置再平衡提升報酬率

「股債再平衡」的用意就是可以賣出漲多的資產，來加碼漲比較少或是下跌的資產，讓資產配置重新回到原始設定的比例，達到逢低加碼、獲利了結的目的，等到股市走勢反轉的時候，就可以快速重回獲利。有時候會遇到股票、債券雙跌的情況，那就當作是賣出跌得少的資產去加碼跌得多的資產，互相彌補，當市場反轉的時候，因波動度較大而跌得多的資產，上漲的幅度有機會能更大。

投資個股時，財經專家都會請投資人手上要留三成資金，等到股價下跌時才有資金可逢低加碼。其實是相同的概念，我們也能把債券的部分當成是準備加碼的資金，只是這筆資金會波動，配發的利息也比較高。假如股債配置是 70:30，可以想像 70% 資金買股票，30% 資金留著準備加碼，只是將這一筆現金放在會固定配息的債券而不是銀行，唯一的差別是定存不會損失本金，而債券有可能會損失本金，但也可能增加本金，這就是投資的目的。

當股市下跌時，我們可以從銀行領現金加碼股票逢低攤平，同樣也可以賣出債券把資金拿去加碼股票逢低攤平。有時候在股票下跌時債券也會跟著跌；有時候股票下跌時債券反而會上漲，如果債券漲當然更好，若債券跟著股票一樣下跌，至少債券跌的幅度比股票少，債券只是比放在銀行的現金多承擔部分漲跌的風險。但是，當股市下跌需要加碼攤平時，用現金與債券都可以同步做到。股債配置因股價下跌而執行再平衡，就如同投資個股時，股價下跌用現金加碼攤平。那麼到底何時才需要加碼攤平？接著我們要討論的就是，股債如何再平衡與執行再平衡的時機點。

▶ 選擇固定的股債配置再平衡方式

因為股價每天都有漲跌起伏，所謂「再平衡」就是將股票與債券的市值調整成當初所設定的原比例。舉例來說，當股市跌了一段時間之後，股債兩者的占比由原本設定的 80:20 變成 70:30，那麼就需要減少債券股數，增加股票股數。這可以透過兩個方式執行，如果剛好已準備一筆資金要再投入，就可以用這一筆新資金購買股票，將股票的占比提高到 80%，若新資金不足以拉高到 80%，就需要賣出債券取得資金再購買股票，若沒有要投入新資金的話，唯一方法就是直接「賣債買股」。

股債再平衡的執行時機，一般來說有兩種，一種是固定時間執行，例如每年的一月與七月檢查股債比例是否有變動，如果已經偏離原本設定的比例，就執行再平衡，平時也不用特別注意股票市場與持股，只要在設定要進行再平衡的時間登入帳號檢視就好。股債再平衡不需要經常執行，因為如果在股市多頭連連上漲的時候，頻繁執行再平衡會就會一直賣掉正在上漲的資產，反而影響應有的報酬率，建議一年執行 1、2 次即可。

另一種方式是設定一個比例偏差值，譬如偏差的差距來到 10% 時執行股債再平衡。假如原本設定股債 80:20 的占比，股票上漲一段時間後市值增加，股債比例已經變成 90:10，這個過程有可能只經歷四個月，也有可能歷經三年。就可以選擇在此時執行股債配置再平衡，賣出 10% 的股票轉買債券，這個方式的缺點是需要比較頻繁的登入帳戶計算股債比例，而且一年有可能需要數次執行。

以上兩種方式各有好壞，無法斷定哪一種比較好，若你採用的是固定時間執行股債配置再平衡，例如每年一月要執行，在 2020 年遇到疫情大波動，許多人在 3 月底加碼股票後股價成長了一倍，那獲利這件事情就會與你無關，因為你要等到 2021 年 1 月的時候才會執行股債配置再平衡，這時股價已比 2020 年 1 月更高了，你

並沒有機會在 2020 年 3 月時加碼買股。如果你選擇比例偏差調整方式，有一年股市飆漲了 30%，你可能那一年就需要執行 2 ～ 3 次的再平衡，由於早早就將漲多的股票賣出改買債券，造成報酬率會比從頭抱到尾的人還要低，這時候固定時間執行股債再平衡的人就相對有利了。

所以股債配置再平衡的執行時間點沒有最好的答案，建議選擇固定一種方式並堅持紀律執行就好，你可能錯過一種行情，但也賺到了其他行情，如果要觀察股市行情趨勢將方式換來換去，最終有可能是兩頭空，全部的行情都錯過了。

▶ 不同股債配置的績效比較

至於資產配置應該如何搭配以及有什麼績效，現在我們就以 4 種不同的情況進行比較，以下 4 張圖以不同的股債配置方式與 100% 的 VTI 績效進行比較，VTI（Vanguard Total Stock Market ETF）為全美股市績效指標；TLT（iShares 20+ Year Treasury Bond ETF）則是美國 20 年期以上公債 ETF。以 2003 年投入一筆 10 萬美元的資金，之後不再投入新的資金只將股息再投入為例，來看看以下幾種方式的差別。

圖 5-1 是股債配比為 50:50，但是不做再平衡，從 2003 年以來的數據顯示，紅色線是 100% VTI 的績效用來當作比較標準線，股債各半的績效會比全股票差，穩定度則較好，只有在股市崩盤大跌的那段時間，股債各半搭配的績效才會勝過全股票，否則多頭時期越長，績效會越差越多。

　　圖 5-2 是用一樣的股債搭配比例，但每年會固定做一次股債配置再平衡，從圖表中可以明顯看出執行再平衡的效果。雖然 2008 年以前股債搭配的績效都輸給全股票，一旦碰到一次股災，股債配置的跌幅明顯較小，累積績效就會勝過全股市，而且勝出時間一直維持了四年半之久。直到八年後才明顯被超越，2020 年的股災又一次讓股債再平衡的績效勝過全股市，可見再平衡的重要性。

　　圖 5-3 是增加股票的占比，改為 80:20 的配置，並且每年進行一次股債再平衡，可以明顯看到黑色線的績效與紅色線很貼近，在碰到 2008 年股災之後，股債搭配的績效就勝過全股市，領先期間維持了八年多之久，之後也沒有明顯的差別。

　　圖 5-4 則是將股債配置反過來，改成股票 30% 搭配債券 70%，股債配置比為 30:70，從圖中可以看到黑色線的穩定度相當

圖 5-1：股債配置比 50:50，不進行再平衡

Portfolio Returns									
Portfolio	Initial Balance	Final Balance	CAGR	Stdev	Best Year	Worst Year	Max. Drawdown	Sharpe Ratio	Sortino Ratio
VTI+TLT 50:50	$100,000	$490,105 ❸	9.19% ❸	8.69%	24.54%	-7.85%	-23.42% ❸	0.91	1.41
VTI	$100,000	$660,126 ❸	11.00% ❸	14.82%	33.45%	-36.98%	-50.84% ❸	0.70	1.04

資料來源／Portfolio Visualizer 網站

圖 5-2：股債配置比 50:50，固定每年一次再平衡

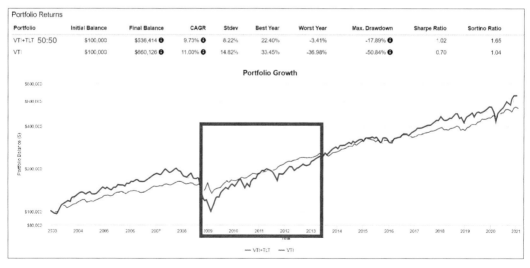

Portfolio Returns									
Portfolio	Initial Balance	Final Balance	CAGR	Stdev	Best Year	Worst Year	Max. Drawdown	Sharpe Ratio	Sortino Ratio
VTI+TLT 50:50	$100,000	$536,414 ❸	9.73% ❸	8.22%	22.40%	-3.41%	-17.89% ❸	1.02	1.65
VTI	$100,000	$660,126 ❸	11.00% ❸	14.82%	33.45%	-36.98%	-50.84% ❸	0.70	1.04

資料來源／Portfolio Visualizer 網站

圖 5-3：股債配置比 80:20，固定每年一次再平衡

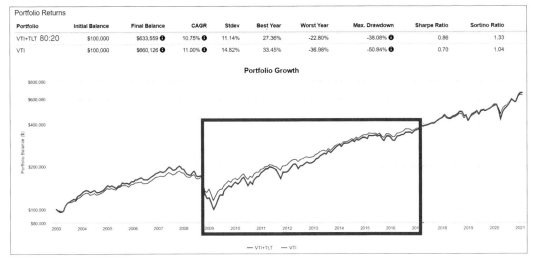

資料來源／Portfolio Visualizer 網站

圖 5-4：股債配置比 30:70，固定每年一次再平衡

資料來源／Portfolio Visualizer 網站

高，受股市漲跌幅的影響大幅降低，當然績效也是這 4 張圖中表現最低的，不過績效最好的一年，報酬率也還有 24%。

我們可以看到，圖 5-1 的股債搭配不做再平衡，績效絕大多數的時間都輸給大盤，只有股市崩盤的時候超越大盤，僅維持一年左右。圖 5-2 的固定每年做一次再平衡，股債搭配的累積績效就比較好，股災時受傷也較小，後續績效領先的時間也比較久，在股災後要退休也不會吃虧。

而圖 5-3 將股票比例提高到八成，雖然股災後有一大段時間績效都領先大盤，但是波動度卻也跟大盤差不多，若是剛好在 2008 ～ 2009 年退休，可能就需要將退休計畫延後 3 年。對於超保守的人來說，圖 5-4 中的債券比重較多可能會比較安心，雖然累積績效最差，卻也提供了不錯的投資效果，即使碰上股災依然可以安然退休。

我們不知道未來十年甚至二十年的股市是否能持續多頭，或是會再碰到多大的回檔，如果光看過去二十年的數字就斷定，股市未來二十年都會上漲，這也是一種太過樂觀的風險。如果未來十年的美股長期呈現盤整甚至緩慢衰退，那麼剛好想在這十年內退

休的人，股債配置比 80:20 的績效就未必會比 30:70 的配置要好。總結而論，選擇適合自己的股債配置比例，長時間執行就能有所收穫。

不同的股價配置重點整理

- 同樣比例的股債配置，固定做再平衡的績效會比較好。
- 股票比重越多，績效就會更貼近大盤，但加上固定時間再平衡，累積績效就可能在某一段更長的時間領先大盤。
- 即使是 30:70 的股債配置，也可以有不錯的獲利，最大跌幅甚至還小於全債券。
- 績效好壞要看比較的時機點，不是某一種方式就一定是永遠的贏家。

台股 VS. 美股，超級比一比

投資台股的好處是「熟悉」，畢竟我們生活在這個國家，上市公司大多為台灣知名企業，在日常生活中，投資人或多或少都有接觸，而公司資料與新聞也都是中文，財報閱讀起來相對輕鬆。但是相較於美國股市，台股的侷限就比較多，譬如全球型的跨國企業相當少，小型股容易被投信、禿鷹操作坑殺小散戶，每次下單的手續費要 0.1425%，單日最大漲跌幅有 10% 限制，而且產業也比較集中，單就台積電（2330）占台股指數的比例就將近 30%，第 2 名的聯發科（2454）只占了 3%，台積電一家公司的市值權重就等於第 2 名到第 23 名的上市公司市值總合，台股明顯失衡。

▶ 投資美股限制低、範圍廣

相對來說，美國身為世界經濟大國，美國股市的優勢就是上市公司多，在美國上市公司就超過 8,000 家，市值排名在前幾大的大型企業幾乎都是你我耳熟能詳的公司，包括蘋果（Apple）、迪士

尼（Disney）、微軟（Microsoft）、星巴克（Starbucks）、亞馬遜（Amazon）、臉書（Facebook，母公司為 Meta）、谷歌（Google，母公司為 Alphabet）、嬌生（Johnson & Johnson）、寶鹼（Procter & Gamble）、英特爾（Intel）等。市值最大的前兩大美國企業，微軟（Microsoft）與蘋果（Apple）加起來的市值也僅占美股的 10%，而美國股市的整體市值在全球總體經濟則有超過 50% 的市占率，美國股市沒有漲跌幅限制，個股可以一天大漲 200%，也可以一天跌掉 95%。

由於全球金融機構大多都會在美股市場進行投資，交易量相當龐大，只要稍有知名度的公司幾乎不容易被操控，每次最低購買量只要 1 股，門檻相對簡單，最重要的是許多家美國券商下單交易美股享有零手續費優惠，對於喜歡短期交易的人來說，成本比台股低很多。而且透過美股還可以買到其他國家的企業，並非只有美國公司，像是台灣企業在美國上市的公司就包括台積電、聯電、日月光、中華電信、友達、華碩、富邦金控、陽明海運等國內知名企業。

當然投資美股相對需要克服部分難度，例如英文能力要好，國外公司不容易取得中文資料，可以靠 Google 翻譯稍微克服。透過

台灣的複委託投資海外股市，手續費比台股更高，比較好的條件大約是 0.15% ～ 0.3%，而且有單筆金額最低限制，大約是 15 ～ 30 美元，想要透過美國券商投資就需要上網開戶，現在網路上有許多教導開立美股帳戶的資訊或詳盡的懶人包，而且有些券商有中文網頁，讓開戶過程簡單好上手。

▶ 投資美股好處多多

如果克服這些開戶的困難，就能體驗投資全世界的機會，透過美股投資可以獲得的好處相當多。舉例來說，投資人想要投資蘋果（Apple）就可以直接買蘋果的股票，不需要在台灣買蘋果概念股，更何況很多概念股都只是沾到邊而已，不是直接投資。美股中有許多世界級的企業，成長力與影響力比台灣企業更高，就算是投資 ETF，美股的 ETF 產業分散度也會比台股 ETF 高。此外，美股的整體市值大，不容易被操控，台灣的小型股市值可能小到用幾百萬元就可以讓該股當日漲停，大型股漲跌還會受外資與法人影響，而美股交易量龐大許多，就算是幾億美金的資金也無法操作市場價格。

透過美國券商購買美股不需要手續費，台股則需要 0.1425%

的手續費與 0.3% 的交易稅，對於頻繁交易的人來說，一年的手續費可能就付出好幾萬元，無形之中增加投資成本。而美股通常是「季配息」，台灣大多是一年配息一次，美股配息對於股價影響通常都小於每天市場上正常的波動。

不過，投資美股也有風險需要承擔，舉例來說，如果發生券商倒閉的情況，投資人有可能投訴無門，其實美國券商大多有參加美國證券投資者保護公司（SIPC，Securities Investor Protection Corporation），SIPC 會幫投資者提供 50 萬美元的保障。另外也會遇到美金匯率風險，想投資其他國家，匯率變動在所難免，但美元是世界貨幣，台幣對美元有一個穩定的兌換價位範圍，以近二十年來說，美金對台幣大約落在 28 ～ 35 元之間，除非是美國或台灣發生大動盪或經濟快速成長，像是台灣錢淹腳目年代，美金對台幣從 40 元暴貶到 24 元，否則應該不會發生大幅度的變動。但比較保險的作法還是定期不定額的換匯，將匯率成本控制在一個平均值。

美國與台灣在不同時區，很多投資人都是深夜盯著美股做交易，過著日夜顛倒的投資生活。如果你做的是價值型投資，交易時間就不會是問題，券商可以預先掛單，符合條件與價位才會成功交易，如果是做短線交易的人就需要盯盤，那就必須犧牲睡眠時

間了，而美股開市時間也不同，3 月中到 11 月中，美股開盤時間是 21:30 ～ 04:00，11 月中～ 3 月中的開盤時間是 22:30 ～ 05:00。

還有很多人認為美國公司距離太遠，不熟悉其產業環境，其實，我們平常使用的服務或產品很多都是美國公司，像是每天上網用 Google，社群交流用 Facebook，使用蘋果品牌的（Apple）手機，常喝的可口可樂（Coca-Cola），腳上穿的 NIKE 球鞋、購物用的 Visa 與 Master 信用卡等超多民生必需品。現在我相信你對上述美國企業的熟悉度可能比台股的多數公司更高，不相信可以試著回答看看，扣除銀行金融類股，排名第 5 的台塑化、第 8 的台達電、第 10 的南亞、第 14 的統一、第 20 的日月光、第 23 的廣達，分別是什麼產業，相信有許多人都不熟悉吧！

另外，外國人的股利會扣 30% 稅金，有些人認為稅金扣的太重，但是美國公司比較重視股價增長，特別是會透過回購股票來拉抬股價，股息配發比例不高，即使扣了 30% 的稅金，可能差別也不大，如果你有外國身分開戶，依該國家的稅法協定，可能只需要扣 10% ～ 15%，如果購買外國公司在美國發行的股票（ADR），配息大多都不需要扣 30% 稅金，這些都是投資美股可以克服的小困難。

投資美國股市需要透過台灣證券公司複委託，或是直接在美國券商線上開戶，差別是台灣複委託的交易手續費相當高，而美國券商幾乎已經是零手續費了，這兩點造成很大的成本差異。但是如果考量意外發生，海外資產變成遺產，台灣券商還可以協助處理海外遺產問題。而在美國券商的資產，就要透過美國券商來處理，那就會被要求填寫相關文件，還會被美國扣一筆遺產稅約15% ～ 35%，手續處理上較為麻煩。

　　投資本來就有風險，所以避險的最基本的方法就是「分散」，分散投資股票的數量，分散在不同的市場，分散用不同的投資管道做適合的投資操作，分散美金與台幣間換匯的時間。所以，投資台股和美股並不絕對，或許相互搭配也是很適合的投資組合。

複委託 VS. 海外券商，投資美股零距離

投資海外市場的方式有幾種，一是購買台灣發行的基金，二是直接購買在美股上市的 ETF 或個股。如果完全沒有股票買賣經驗的人，或許基金是一種入門方式，但基金收取的管理費相較於 ETF 高出很多，這些成本會直接影響到投資績效。

其實 ETF 也是基金的形式，只是 ETF 是一種可以在股票交易市場直接交易的基金，建議大家花點時間開戶，學習基本的股市交易，可以選擇複委託或是美國券商的開戶方式，長期下來的管理費落差不少。如果你決定要開始投資 ETF 做股債資產配置，建議可透過台灣券商的複委託或是美國券商下單，透過基金執行再平衡的時候會吃掉很多交易手續費。

複委託的完整名稱叫「受託買賣外國有價證券業務」，簡單來說，就是委託國內券商下單，國內券商再委託海外券商下單股票或 ETF，因為要經過兩次委託下單的動作，所以稱作「複委託」。

由於要經過兩次委託下單，所以交易手續費比直接用海外券商下單相對要高，你也可以直接用台幣或美金扣款，不需要在交易前特別換成美金。而透過美國券商下單的好處就是手續費低，甚至現在有多家券商已經是零手續費，但門檻就是要將資金透過銀行匯款至海外。

表 5-2 是複委託與美國券商的優缺點比較，其中有幾點需要特別在意，複委託的手續費比海外券商高很多，如果交易次數多，海外券商可省下不少手續費。而如果是在台灣券商開戶的話，記得要跟券商談手續費折扣，不要傻傻的直接接受公告牌價，目前至少可以談到每筆 0.3% 與最低 30 美元的金額。台灣有幾家券商已有提供美股定期定股，與定期定額購買的服務，手續費也有降低，如果是希望每個月投資固定金額的方式，這種定期定額的投資會比海外券商更加適合。

最後則是遺產的處理方式，也是最多人在意的部分，如果你擔心身後的海外資產沒有人可以處理，使用台灣複委託可能是比較簡單且有保障的選擇，但就是要負擔較高的手續費，或是找到比較好的方式處理海外資產，那海外券商的零手續費應該是更好的選擇。

表 5-2：台灣複委託與海外券商比較表

	台灣複委託	海外券商
開戶	在台灣證券公司開戶，只要攜帶身分證件、印章前往券商即可開戶，現在某些券商可以接受線上開戶	透過網路開戶，在網站上傳身分證明文件即可，甚至有的券商開戶還有中文網頁
交易手續費	每筆交易 0.15% ～ 0.5% 不等，每筆最低手續費 15 ～ 50 美金。	多家券商已為零手續費
定期交易	可「定期定額」或「定期定股」	自行買賣
股息再投入	無法設定股息自動再投入	可設定股息自動再投入
交易介面	全中文	部分券商提供全中文介面與 APP
投資標的	個股與 ETF 的選擇數量較少	所有個股、ETF、選擇權都可以交易
退稅	部分券商有 QI 資格可自動為利息退稅	都會退稅，但偶有碰到券商沒有退稅，需要自行詢問券商處置
遺產問題	國內券商可協助繼承人處理	繼承人需自行聯繫海外券商處理遺產問題，填寫相關表格、扣遺產稅，如果繼承人不知道有這筆海外資產，那這筆錢就無法取得

製表／雨果

▶ 選擇適合自己的開戶方式

適合海外券商的投資人是手上已有一筆較大資金可以一次匯款到海外，或是需要配置比較多檔的投資組合，又或者是較為頻繁的交易者。適用台灣複委託的投資人，則是剛開始投資，每次投資的金額小，或是只打算投資 1 ～ 2 檔標的，而且不太會變換持股，打算長期持有者。至於換匯匯率問題，無論是選擇複委託或是海外券商兩種方式都會有相同的問題，不會造成相當大的差別。而遺產處理問題因人而異，每個人的考量點與需求不同，比較沒有明確的適合對象。

其實你並不一定需要二選一，像我就是兩種方式都有開戶，畢竟投資一段時間以後，你的投資資產會增加，占總資產比例容易超過 70%，如果只開海外帳戶，而總資產的 70% 以上都在海外，相信你也會有不安全感，而且台灣的銀行想要你提出資產證明時，例如申辦貸款，銀行也不會認列海外資產。

建議比較好的方式是在兩邊取得平衡，因為台灣複委託的交易手續費較高，如果有些標的是打算買進就不再理會，預計要持有很多年，甚至是十年以上，就可以用台灣複委託來交易。而海外券

商可運用於可能需要多次交易的標的，例如做股債配置再平衡的時候，如果 ETF 標的分的比較細，有可能同時擁有 8 檔 ETF，每次再平衡就可能需要交易高達 8 次，這時候零手續費就很有幫助。若用台灣複委託進行 8 檔持股的再平衡，你就需要支付 8 次的買賣手續費，以每筆最低 30 美元來計算，光做一次再平衡就要 240 美元的成本，也就是台幣約 7,000 元的交易手續費，不可謂不多。

如果你對於海外券商開戶有興趣，可以從網路搜尋多家海外券商開戶的教學資訊，建議考慮第一證券（Firstrade）或嘉信證券（Charles Schwab），這兩家海外券商都有中文介面，方便台灣投資人瀏覽。第一證券的門檻較低，交易介面也比較簡單，有提供全球通用的提款卡，可以在台灣的提款機領到海外帳戶資金，每筆提領手續費 3%，若是帳戶資產超過 1 萬美元，每個月有一次免手續費的提款優惠。

嘉信證券的開戶門檻較高，開戶後需要匯入 2.5 萬美元，交易介面較為複雜，但相對的功能也較多，嘉信證券也有提供全球通用的提款卡，而且每筆提領免手續費，就連台灣銀行會收取的 100 元手續費，嘉信證券也會補貼給用戶，可以說是最吸引投資人開戶的優勢之一。如果你對於嘉信證券開戶有興趣，可以參考本書第

239 頁，有詳細列出申請開戶與提款卡的步驟，還有交易與其它功能的說明。評估好自己的投資屬性及習慣，就可以踏入美股市場了。

雨果的理財小教室

Charles Schwab 嘉信開戶步驟 step by step

要購買美國股票或是 ETF，除了透過券商的複委託帳戶，也可以自己在美國券商開戶，手續並不複雜。這個連結特地就如何申請美國券商「嘉信證券」逐步流程說明，全部都可以在網路上完成，內容包含證券開戶、填寫 W-8BEN 申報表、還有 Visa Debit Card 簽帳卡。除了可以進行股票交易之外，還可以在世界各國的 ATM 提領當地貨幣。

⊕ 開戶流程
https://bit.ly/3oOWZnA

註 | 提款卡申請及下單交易，請參考 P239。雨果申請的是海外個人投資帳戶，如果你是想申請公司戶或是聯合帳戶，請自行調整。若你有美國身分，則不適合參考這個申請說明。

退休前的資產轉換

　　先前有提到，有一種資產配置的建議是用 100 減掉年齡的十位數，就可以得到股票與債券的配置比例，當年紀越大，高波動的股票占比就會越低，低波動的債券占比就會越高，原因就是因為年紀越大，能承受波動風險的能力就越低。

　　用年紀來判別是一種很簡單的方式，當然還有其他的配置方法，一樣是取決於個人現況與需求，但其出發點都相同，就是在退休後能夠比較穩定的提領退休金，避免資產大幅波動，造成損失。隨著年齡增加，降低股票占比並增加債券是一種方式，但投資年化報酬率也會隨著年齡增加而降低。表 5-3 列出以美國股票市場 VTI 與美國債券市場 VBMFX 兩者不同的搭配比利變化，比較從 2001 年 7 月 VTI 上市以來的各種配置的年化報酬率，條件為初始本金 30 萬美元投資二十年，每年固定做一次股債配置再平衡，配發股利也會自動再投入。

表 5-3：2001 ～ 2021 年，VTI 與 VBMFX
不同配置比例的年均成長率比較表

VTI	VBMFX	初始金額	最後金額	年化報酬率	標準差
80	20	US$300,000	US$1,539,921	8.83%	11.93%
70	30	US$300,000	US$1,420,372	8.37%	10.38%
60	40	US$300,000	US$1,300,588	7.88%	8.89%
50	50	US$300,000	US$1,182,564	7.35%	7.45%
40	60	US$300,000	US$1,067,931	6.79%	6.09%
30	70	US$300,000	US$957,986	6.19%	4.87%
20	80	US$300,000	US$853,721	5.56%	3.89%

製表／雨果

　　從表 5-3 中可以看到，統計 2001 年 7 月至 2021 年 5 月這 20 年的股債配置比例，當債券比例越高，所獲得的年化報酬率就跟著越低，但資產波動率（標準差值）也會降低。我們可以從數字中看到，股債比例 80:20 的年化報酬率比股債比例 20:80 的報酬率高出 3.27%，但最終資產金額高出將近一倍，所以千萬不要小看這 1% 的年化報酬率差距，時間越長所造成的資產差距越大。

　　另一個重點是，即使單純投資債券也能帶來一定的報酬率。從最後一行的股債比 20:80，即使債券比例高達 80%，二十年下來的年化報酬率也能有 5.56%，而標準差只有 3.89%。如果你預計退休後要採用 4% 提領率的方式領退休金，再加上預計 2% 的通貨膨脹率，你可能只需要採用股債比 30:70，年化報酬率 6.19% 的方式，或是保險一點採用股債比 40:60，年化報酬率 6.79% 的方式，就可以滿足需求。

　　現在來看圖 5-5，圖中顯示的是股債比 80:20、50:50 與 20:80 的資產變化比較，我們可看到相對於黑線（80:20）的高報酬與高波動，灰線（20:80）就顯得相當的平緩，當股市碰到災情的時候，20:80 的組合就能為資產帶來保護效果。但股市飆漲的時候，這樣的組合表現也會越來越落後於股市大盤，如此的資產變化可能會比較適合退休後所需的低波動與安全感。相反的，如果是在追求資產增長的階段，股票比例越高就可能帶來越高的資產增幅。

　　若是隨著年齡增加就增加債券比例的情形又會是如何？表 5-4 列出二十年「全部維持股債配置 80；20」的方式與「每五年提高 10% 債券比例」的配置進行比較。雖然債券的比例越高，投資報酬率會越低，但如果那五年剛好碰到股市表現不好或是大跌，可

圖 5-5：由 Portfolio Visualizer 統計不同股債比例配置的
資產變化線圖

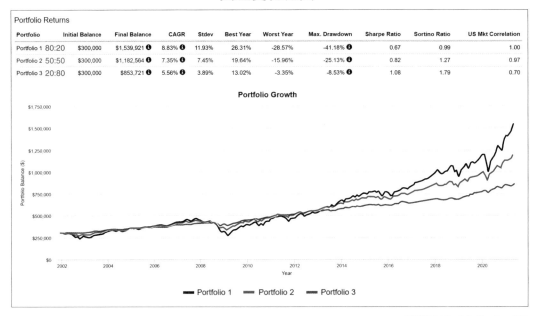

能那段期間債券比例配置較高的反而會表現得更好，畢竟二十年
的年化報酬率，並不能代表每年或每五年都是一樣的投資表現。

　　從表 5-4 可以看到 ，股債配置比例調整的頻率縮短為五年，同
樣經歷過 2002 年、2008 年、2015 年、2018 年、2020 年股市表現不
好的時候，在二十年後的總資產還是比一直維持著 80:20 的總資產
低，大約少了 34 萬美金，也就是大約新台幣 1,000 萬元，如果把時

表 5-4：每 5 年調整股債比例的報酬率對比

投資期間	VTI	VBMFX	初始金額	最後金額	年化報酬率
2001-2021	80	20	US$300,000	US$1,539,921	8.83%
2001-2005	80	20	US$300,000	US$376,007	5.81%
2006-2010	70	30	US$376,007	US$470,470	4.58%
2011-2015	60	40	US$470,470	US$713,624	8.69%
2016-2021	50	50	US$713,624	US$1,201,726	10.27%

製表／雨果

間再拉長到三十年甚至四十年，相信這個差距會再放大。所以，依據年齡來調整股債配置比例會是最好的，或是最適合你的方法嗎？後續我們會討論不同的資產配置與退休前的調整方式，提供大家參考。

▶ 彈性調整股債配比

在單純的股債資產配置裡，可以把股票當作是負責提高報酬的資產，而債券是提供穩定並降低波動的資產，如果要將報酬率極大化，那最簡單的方式就是百分百持有股票，承擔最高的波動風險。在資產中配置部分債券可以讓資產的波動度降低，最直接的益處就是讓投資人不會因為過大的資產跌幅而信心動搖。譬如當

你累積到 3,000 萬元資產的時候，遇上一次跌幅 30% 的股市崩跌，帳面上減少的就是 900 萬元的股市資產。但如果你有足夠信心可以面對 50% 的跌幅而不影響原有的投資計畫，也不會影響到原本的生活方式，在還有至少十年或十五年以上的投資時間裡，或許百分百持有股票是更快累積資產的方法，未必要做股債配置。

退休後沒有收入，大多數人應該都不想再承受 30% ～ 50% 的跌幅，所以在**退休前可以開始把百分百持有股票的方式調整為股債比例 *50:50* 的配置，想要更穩定也可以改為 *30:70***。這個方式是採用比較極端的方法，在退休前用百分百的股票資產去極大化可能能賺到的市場報酬，等到要退休的前幾年，或是資產已經累積到設定的退休金目標時，開始轉換為比較保守的資產配置模式。

如果你本身是高收入的族群，或是已經擁有足以退休的資產，但你還沒有想要退休或尚未到退休的年紀，你大可以直接採用股債比 30:70，年化報酬率 6.19% 的配置，獲得比較穩定的資產成長，未必要追求百分百股票的高報酬，6.19% 報酬率已比已開發國家的通貨膨脹率高出許多，至少已能達到原有資產不隨著通膨貶值的效果，繼續保持本業的高收入並將部分資金持續投入資產配置裡，可能都比用盡心思想要在股市中尋求更高的報酬更值得。

　　而若想退休後透過配發的股息利息多獲得現金流，也可以考慮利率較高的公司債。雖然公司債的波動不一定比股票低，但只要公司不會倒閉並且有能力正常配發利息，即使在股市大幅震盪的情況下，公司債也不失為一種好的投資標的。在挑選公司債的時候一定要盡量挑選評比好的投資等級債，特別是發行公司的公司獲利與現金流狀況，還有產業性質比較不會受景氣好壞而有太大影響的產業，例如電信產業與電廠。

　　總結，股債搭配比例未必要依據年齡調整股債比例，在退休前，你可以依據自己的信心程度訂定股票占比，越高的股票比例應可期待較高的資產增長率。等到退休年齡將至或是資產已達到退休金目標，就可開始將資產調整為退休後想要的資產配置方式，這不僅有股票與債券資產，還包含了房地產。但也別忘了，退休前一定要先準備好一筆 1 ～ 2 年的生活準備金，當股市表現不好的時候就不需要被迫賣股變現，或是房產因出租不出去而沒有租金收入時，可以先用生活準備金過生活，並做適當的消費調整，等到股市或房市景氣恢復正常時，在慢慢補回用掉的生活準備金，預防下一次的股市或景氣低潮。

 # 台灣 ETF 總整理

　　如果你只有投資台股，比較不容易使用股債配置的投資方法，因為很難找到台灣政府債券的 ETF，大部分債券 ETF 或基金都是美國或是海外的債券，若想要單純以台股搭配海外債券也是一種可行的方法。這個章節會列出市值較高的台灣上市 ETF，資料來源為 MoneyDJ 理財網，所有數據資料以 2021 年 5 月 26 日統計為參考。

● **元大台灣卓越 50 基金（0050）：**

　　市值 1,677 億元，總管理費 0.43%，主要涵蓋台股市值前 50 大的上市公司，為市場中最具代表性之權值股，最大的持股為台積電（2330）占比 48%，半導體類股占比 60%，第二大占比產業為金融保險 12%。

● **富邦台灣采吉 50 基金（006208）：**

　　市值 126 億元，總管理費 0.36%，以追蹤標的指數「富時台灣證券交易所臺灣 50 指數」（FTSE TWSE Taiwan 50 Index）之績

效表現為目標，持股內容與占比皆與元大台灣 50（0050）相同，但管理費較低，市價也比較低。

● **元大台灣高股息基金（0056）：**

市值 756 億元，總管理費 0.66%，從台灣 50 與台灣中型 100 指數裡，推估未來一年可能配出的現金股利殖利率最高的前 30 檔股票，並以現金股利殖利率加權計算，算是台股最資深的高股息 ETF，最大的持股為開發金（2883）、華碩（2357）、與光寶科（2301）各占比 5%，電腦及周邊設備類股占比 40%，第二大占比產業為金融保險 11%。

● **元大台灣 ESG 永續 ETF 基金（00850）：**

市值 92 億元，總管理費 0.62%，為 2019 年上市的 ETF。所追蹤的指數為「台灣永續指數」，從台灣中大型股票中選出符合「ESG 評鑑指標」及「特定條件」的股票，最大持股為台積電（2330）28%，半導體類股占比 41%，第二大占比產業為金融保險 18%，持股規定單一個股不能超過總占比 30%，沒有持股數限制。

● **國泰永續高股息（00878）：**

市值 204 億元，總管理費 0.57%，為 2020 年上市的 ETF，所

追蹤的指數為「MSCI 台灣 ESG 永續高股息精選 30 指數」，持股也是必須符合「ESG 評鑑指標」的條件。最大持股為華碩（2357）、開發金（2883）、群聯（8299）、英業達（2356）與南亞科（2408）分別占 4%，金融保險類股占比 25%，第二大占比產業為電腦及周邊設備 23%，總持股固定為 30 檔，一年配息 4 次。

● **國泰台灣低波動股利精選 30 基金（00701）：**

市值 42 億元，內扣費用 0.61%，所追蹤的指數為「台灣指數公司低波動股利精選 30 指數」，持股追求低波動個股。最大持股為中華電（2412）占 9%，金融保險類股占比 62%，第二大占比產業為通信網路 13%，總持股固定為 30 檔，一年配息 2 次。但此檔 ETF 上市至今共 4 年，配息相當不穩定，也間接導致股價波動很大，違背了低波動的用意。

● **富邦公司治理（00692）：**

市值 108 億元，總管理費 0.35%，為 2017 年上市的 ETF，所追蹤的指數為「台灣公司治理 100 指數」，選股條件有點類似「ESG 評鑑指標」的 ETF，但主要挑選條件以董事會素質、公司經營成效、與財務等面向。最大持股為台積電（2330）占比 43%，半導體類股占比 53%，第二大占比產業為金融保險 14%，一年配息 2 次。

● **元大全球未來關鍵科技 ETF 基金（00876）：**

市值 78 億元，總管理費 0.93%，為 2020 年上市的 ETF，所追蹤的指數為「iSTOXX 全球未來關鍵科技指數」，選股條件主要布局於 5G 的手機零組件、晶圓代工、通訊元件、與 IC 設計這四大 5G 硬體區塊，主要持股分散於美國、日本、中國、歐洲等知名企業。最大持股為應用材料（AMAT）占比 9%，台積電（2330）與聯發科（2454）合計占比 11%，美國占比 38%，日本占比 21%。

● **元大全球未來通訊 ETF 基金（00861）：**

市值 60 億元，總管理費 1.39%，為 2019 年底上市的 ETF，所追蹤的指數為「ICE FactSet 全球未來通訊指數」，選股條件主要針對 5G 營收的公司，包含通訊設備廠、手機品牌業、電信業、與基地台、電塔等，前幾大持股由蘋果（Apple）、思科（Cisco）、三星（Samsung）、台積電（2330）與博通（Broadcom）各占比 7%，美國公司占比就達到 65%，日本占比 6%。

另外，由台灣的公司發行的海外持股 ETF，主要是投資海外股票市場，例如美國股市或是債券市場，詳列如下：

● **元大標普 500 基金（00646）：**

　　市值 59 億元，總管理費 0.66%，為 2015 年上市的 ETF，所追蹤的指數為「美國 S&P 500 指數」，選股條件為美國各產業具代表性的前幾大龍頭股，共計 500 家公司，前五大持股分別為蘋果（Apple）、微軟（MicroSoft）、亞馬遜（Amazon）、臉書（Meta）、谷歌（Google）。透過此檔 ETF 可以直接投資美國 S&P500，省去換匯與開立複委託或美國券商帳戶的步驟。

● **國泰費城半導體（00830）：**

　　市值 29 億元，總管理費 1.22%，為 2019 年上市的 ETF，所追蹤的指數為「美國費城半導體指數」，選股條件主要為美國 Nasdaq、NYSE 及 CBOE 交易所掛牌之普通股，且必須從事半導體相關業務，取公司總市值前 30 大者為指數成分股，前五大持股分別為輝達（NVIDIA）、德州儀器（TI）、博通（Broadcom）、高通（Qualcomm）、英特爾（Intel）。透過此檔 ETF 可以直接投資美國費城半導體。

● **富邦標普美國特別股 ETF 基金（00717）：**

　　市值 52 億元，總管理費 1.09%，為 2017 年上市的 ETF，所追蹤的指數為「標普美國特別股指數」，選股條件主要為美國總市

值超過一億美元的特別股，且不能在未來一年內到期或轉換，月成交量必須超過 25 萬股。前幾大持股分別為博通（Broadcom）、花旗（Citibank）、JP 摩根與富國銀行（Wells Fargo）發行的特別股。此一 ETF 每年配息 4 次，配息殖利率大約 4%。

另外，你也可以在元大銀行購買到美國短、中、長期的政府公債 ETF，代號分別為 00719B、00697B 與 00679B。或在 MoneyDJ 理財網查詢更多投信或證券商發行的基金與 ETF，了解各 ETF 的基本資料，包括 ETF 規模、管理費、淨值紀錄與持股狀況。建議選擇被動式的指數型 ETF，以市值規模大、總管理成本低的為優先考量，並理解其持有成分股內容，符合你想要投資的方向再入手。

 # 美國 ETF 全公開

透過美股 ETF 可以投資的選擇就更多了，本章節會分門別類的列舉知名的美股 ETF，你可以先了解不同 ETF 的特性，之後在進行資產配置時，從中挑選或再尋找類似或更符合需求的 ETF 投資。

以下列出以美國市場與非美國市場為主的 ETF，還有以地理區域區分和以國家經濟能力區分的 ETF 選項。可以直接透過一檔 ETF 投資全世界，也能透過自行搭配不同區域市場 ETF 的持股比例決定全球市場配置，讓投資更加有彈性。

●VT（Vanguard Total World Stock ETF）：

市值 289 億美元，總費用率 0.08%，指數包含成分股為約 2,900 檔分散於 47 個國家的股票，包含已開發國家與新興市場國家，簡單來說這一檔 ETF 直接幫你投資到全球 47 個國家的股票市場，包含台灣。但主要集中在美國 58%、日本 7%、中國 4.8%、英國 3.9%。如果你希望能分配國家或地區的比例，那就可以自行挑選不同的

ETF，組合一個涵蓋全世界的投資組合。

●VTI（Vanguard Total Stock Market ETF）：

市值 1.2 兆美元，總費用率 0.03%，包含紐約證券交易所（NYSE）99.5% 以上的標的、AMEX 能源指數以及那斯達克（Nasdaq）OTC 市場所交易的股票市值，目前持有超過 1,300 檔美國公司股票，可以說投資了美國大小企業的 ETF。

●VOO（Vanguard S&P 500 ETF）：

市值 7,315 億美元，總費用率 0.03%，所追蹤之指數為標普 500 指數，追求達到和標的指數一樣的投資報酬，投資於美國大型市值公司，前幾大比例投資在資訊科技、健康護理、非必需消費品、與通信服務產業。

●VXUS（Vanguard Total International Stock ETF）：

市值 3,932 億美元，總費用率 0.08%，主要投資於美國除外的全球股票市場，包括成熟市場和新興市場，日本 16.7%、中國 11.3%、英國 9.1%、加拿大 6.5%，台灣也占了 4%。

●VEA（Vanguard FTSE Developed Markets ETF）：

市值 1,524 億美元，總費用率 0.05%，為排除美國以外的成熟市場 ETF，指數是由大約 3,700 家各類型公司的普通股所組成的市值加權指數，位於加拿大、歐洲和太平洋地區的主要市場，日本占比 22.3%、英國 12.3%、加拿大 8.7%，但不包含中國與台灣股市。

●VGK（Vanguard FTSE Europe ETF）：

市值 228 億美元，總費用率 0.08%，此為歐洲市場 ETF，指數成分股包含 16 個歐洲國家的普通股，權重最大的國家分別為英國 24%、法國 15%、德國 14%、與瑞士 13%。

●VWO（Vanguard FTSE Emerging Markets ETF）：

市值 1,120 億美元，總費用率 0.1%，此為新興市場 ETF，指數是由全球新興市場大約 3,658 家公司的普通股組成的市值加權指數，中國占比 45.2%、台灣 15.6%、印度 9.7%、巴西 5.6%。

如果對於某些國家的未來發展特別有信心，想要增加特定國家的持股比例，你也可以直接投資該國家的 ETF，例如巴西、南韓、越南、新加坡等國家指數型 ETF，以下列出具代表性的 ETF 提供大家參考。

●MCHI（iShares MSCI China ETF）：

市值 70 億美元，總費用率 0.59%，此為中國 ETF，追蹤 MSCI China Index 指數，持有 150 檔個股，前幾大持股包含騰訊、阿里巴巴、美團點評、中國建設銀行等企業。

●INDA（iShares MSCI India ETF）：

市值 52 億美元，總費用率 0.69%，此為印度 ETF，追蹤 MSCI India Index 指數，持有 80 檔個股，前幾大持股產業包含金融 26%、資訊科技 17%、能源 12%、與原物料 10%。

●EWJ（iShares MSCI Japan ETF）：

市值 122 億美元，總費用率 0.51%，此為日本 ETF，追蹤 MSCI Japan Index 指數，前幾大持股產業包含工業 20%、消費者非必需品 18%、資訊科技 14%、通訊 10% 與健康護理 9%，前幾大比較知名的持股有 TOYOTA 汽車、軟銀集團、SONY 集團、東京電子等。

除了以地理區域分配投資配置以外，也可以特別投資某些看好的產業型 ETF，譬如偏好民生消費必需品產業發展較穩定，或是科技產業可以帶來超額報酬，又或是最近幾年流行的 AI 人工智慧、

第五代行動通訊技術 5G、自駕車、生技等產業。以下列出幾檔最近熱門的產業提供參考。

●IECS（iShares Evolved U.S. Consumer Staples ETF）：

市值 1,465 萬美元，總費用率 0.18%，iShares 進化美國必需性消費主動型 ETF，主要投資美國的民生必需性消費產品公司，食品飲料煙草就占了 62.4%，前幾大持有的公司有可口可樂（Coca-cola）、百事可樂（PEPSI-COLA）、寶鹼（P&G）、麥當勞（McDonald's）、菲利普莫里斯（Philip Morris International）與奧馳亞（MO）煙草公司、星巴克（Starbucks）等。

●IETC（iShares Evolved U.S. Technology ETF）：

市值 1 億美元，總費用率 0.18%，iShares 進化美國科技主動型 ETF，投資以科技為主要業務的美國公司，軟體與硬體服務就占了 60%，媒體與娛樂占 15%，前幾大投資的公司有微軟（MicroSoft）、蘋果（Apple）、Amazon、Facebook、Google、NVDIA、VISA 等知名企業，著重科技成長性。

●IRBO（iShares Robotics and Artificial Intelligence Multisector ETF）：

市值 4.16 億美元，總費用率 0.47%，iShares 機器人與人工智慧多部門 ETF，指數由已開發市場和新興市場公司所組成，這些公司從機器人技術和人工智慧的長期增長和創新中受益，持股有 51% 在美國，17.6% 在中國，持股著重在資訊科技與通訊占81.4%。

●IDRV（iShares Self-Driving EV and Tech ETF）：

市值 3.69 億美元，總費用率 0.47%，iShares 自駕電動汽車和科技 ETF，指數由在 43 個已開發國家或新興市場國家上市的公司的股權證券組成，這些國家的收入中有一定比例來自 IDI 定義所選定的自主或電動汽車相關行業，主要持股集中在美國 53%，其次是德國 13% 與日本 10%，前幾大持有公司包含特斯拉（Tesla）、蘋果（Apple）、NVDIA、高通、TOYOTA、三星（Ssamsung）等知名企業。

●FIVG（Defiance Next Gen Connectivity ETF）：

市值 12 億美元，總費用率 0.3%，持股公司的產品或服務主要與 5G 網絡和通信技術的發展有關，包含有思佳訊（SWKS）、亞德諾（ADI）、邁威爾（MRVL）與諾基亞（Nokia）等，75% 都是美國公司。

除了追求成長，在資產裡搭配與景氣股市連動較無關係，或甚至是負相關的 ETF 也很重要，最常被拿來考慮配置的就是債券、不動產與原物料。以下列出各個領域比較具代表性的 ETF：

●BNDW （Vanguard Total World Bond ETF）：

　　市值 5.5 億美元，總費用率 0.06%，所追蹤之指數為 Bloomberg Barclays Global Aggregate Float Adjusted Composite Index，主要投資全世界的國家債券與公司債，同時也會對非美元債券部位進行貨幣避險，債券的存續期間屬於中期債券，其實 BNDW 的主要持股是 BND 47% 與 BNDX 53% 這兩檔債券 ETF，主要持股國家為美國 45%、日本 9%、法國 6%、德國 5%、義大利 4%、英國 4%。

●BND（Vanguard Total Bond Market ETF）：

　　市值 3,038 億美元，總費用率 0.035%，其 80% 投資標的都集中在 Bloomberg Barclays U.S. Aggregate Float Adjusted Index. 所包含的債券。主要為美國公債、投資級公司債、以及美元計價的國際債券，並且到期年限在 1 年以上，這檔基金持有的不只是政府公債，還有部分的房貸與公司債，可說是投資了美國多種類型的債券，債券的存續期間屬於中期債券，占最大比重的是美國公債，

大約 42%。

●**BNDX（Vanguard Total International Bond ETF）：**

　　市值 1,360 億美元，總費用率 0.08%，所追蹤之指數為
Barclays Global Aggregate ex-USD Float Adjusted RIC Capped
Index，主要投資除了美國以外的國家債券與公司債，同樣可以用
來與 BND 做搭配，債券的存續期間屬於中期債券，前幾大持股國
家為日本 17%、法國 12%、德國 10%、義大利 8%、英國 7%。

●**VGIT（Vanguard Intermediate-Term Treasury ETF）：**

　　市值 118 億美元，總費用率 0.05%，主要投資 3 ～十年期的美
國中期公債。

●**VGLT（Vanguard Long-Term Treasury ETF）：**

　　市值 59 億美元，總費用率 0.05%，主要投資 20 年期以上的美
國公債，屬於長期債券。

●**TLT（iShares 20+ Year Treasury Bond ETF）：**

　　市值 122 億美元，總費用率 0.15%，主要投資 20 年期以上的
美國公債，也是屬於長期債券。

●IAU（iShares Gold Trust）：

市值 281 億美元，總費用率 0.25%，iShares 黃金信託 ETF，此基金是用來追蹤黃金市場價格的 ETF，實際投資黃金金條，追蹤金條的現貨價格。

●GLD（SPDR Gold Shares）：

市值 577 億美元，總費用率 0.4%，以追蹤黃金價格的市場表現為投資目標，追蹤金條的現貨價格。

●SLV（iShares Silver Trust）：

市值 147 億美元，總費用率 0.5%，iShares 白銀信託 ETF，以追求相同於白銀價格表現為投資目標，SLV 以直接持有在英國倫敦金庫的實體銀條方式，追蹤白銀績效，因此漲跌和白銀現貨一致。

●VNQ （Vanguard Real Estate ETF）：

市值 729 億美元，總費用率 0.12%，Vanguard 房地產 ETF，所追蹤之指數為 MSCI US Investable Market Real Estate 25/50 Transition Index，主要投資美國的房地產，包含專門、住宅、工業、醫療、辦公室等，VNQ 屬於不動產相關的 REITs ETF，是目

前美國市值最大的 REITs ETF，REITs 是不動產投資信託，美國規定 REITs 當年度的九成收益都需要配息給股東，投資一檔 VNQ 就等於投資全美國不動產市場。

●VNQI（Vanguard Global ex-U.S. Real Estate ETF）：

市值 58 億美元，總費用率 0.12%，Vanguard 推出的全球不含美國房地產 ETF，主要投資於美國以外的國際房地產公司股票，最大持股分布在日本 22%、中國 11%、香港 10%。

還有一類的 ETF 是直接幫你做好配置，並且會自動執行再平衡的 ETF，非常適合懶得自己買賣計算持股比例做再平衡的投資人。以下介紹 4 檔由 iShares 推出的全球主動再平衡型 ETF，各別的股債配置分別是 AOA（80:20）、AOR（60:40）、AOM（40:60）與 AOK（30:70）。

●AOA（iShares Core Aggressive Allocation ETF）：

市值 14 億美元，總費用率 0.15%（2026/11/30 前不收子基金管理費用 0.05%），由 iShares 推出的核心配置 ETF，主要是持有自己公司發行的股債指數 ETF 做搭配，並且每年自動執行兩次再平衡，持股內容為 IVV（標普 500 指數 ETF）41%、IDEV（MSCI

國際已開發市場 ETF）26%、IUSB（總體美元計價債券市場 ETF）17%、IEMG（MSCI 核心新興市場 ETF）10%、IAGG（國際核心綜合債券 ETF）3%、IJH（核心標普中型股指數 ETF）2%、IKR（核心標普小型股指數 ETF）1%。

●AOR（iShares Core Growth Allocation ETF）：

市值 18 億美元，總費用率 0.15%（2026/11/30 前不收子基金管理費用 0.05%），由 iShares 推出的核心配置 ETF，主要是持有自己公司發行的股債指數 ETF 做搭配，並且每年會自動執行兩次再平衡，持股內容為 IVV（標普 500 指數 ETF）30%、IDEV（MSCI 國際已開發市場 ETF）20%、IUSB（總體美元計價債券市場 ETF）34%、IEMG（MSCI 核心新興市場 ETF 7%、IAGG（國際核心綜合債券 ETF）6%、IJH（核心標普中型股指數 ETF）2%、IKR（核心標普小型股指數 ETF）1%。

●AOM（iShares Core Aggressive Allocation ETF）：

市值 17 億美元，總費用率 0.15%（2026/11/30 前不收子基金管理費用 0.06%），由 iShares 推出的核心配置 ETF，主要是持有自己公司發行的股債指數 ETF 做搭配，並且每年會自動執行兩次再平衡，持股內容為 IVV（標普 500 指數 ETF）20%、IDEV

（MSCI 國際已開發市場 ETF）13%、IUSB（總體美元計價債券市場 ETF）51%、IEMG（MSCI 核心新興市場 ETF）5%、IAGG（國際核心綜合債券 ETF）9%、IJH（核心標普中型股指數 ETF）1%、IKR（核心標普小型股指數 ETF）1%。。

●AOK（iShares Core Aggressive Allocation ETF）：

市值 9 億美元，總費用率 0.15%（2026/11/30 前不收子基金管理費用 0.06%），由 iShares 推出的核心配置 ETF，主要是持有自己公司發行的股債指數 ETF 做搭配，並且每年會自動執行兩次再平衡，持股內容為 IVV（標普 500 指數 ETF）5%、IDEV（MSCI 國際已開發市場 ETF）10%、USB（總體美元計價債券市場 ETF 60%、IEMG（MSCI 核心新興市場 ETF）3%、IAGG（國際核心綜合債券 ETF）10%、IJH（核心標普中型股指數 ETF）1%、IKR（核心標普小型股指數 ETF）1%。

以上介紹的 ETF 就足夠配置出相當多種組合，滿足多種需求，或只持有一檔就可以同時擁有全世界的股債，並會自動執行再平衡。藉由美股 ETF 投資全世界絕對是最便利的方式，下一個章節，我們就會介紹如何設計適合自己的資產配置。

打造人生階段的資產配置

　　關於資產配置，首先需要了解各種金融產品的特性、限制與風險，然後再整理出自己現有的資產，思考想要達成的目標，以及如何將資產配置做的更好等各面向的評估，才能規劃出最適合的資產配置計畫。以下將透過案例，運用前面章節介紹過的台股ETF與美股ETF進行資產配置。

　　先複習投資一個國家的指數ETF就是完全參與其經濟成長或衰退，如果投資某個地區或是全世界指數ETF，就是擴大參與範圍至整個地區或全世界，增加機會同時也分散風險。但世界經濟連動密切，當美國股市下跌時，全世界各地股市也都會受到影響，股票市場投資的再分散也是有一定的風險。投資債券為的是與股市搭配做資產配置與再平衡，債券可帶來穩定的利息，還有價格浮動，甚至有時有避險效果，但債券在遇到恐慌時也有機會跟股市一起下跌。債券ETF可以當作本金會漲跌的定存，股市漲多時就賣出部分股票換成現金（也就是買入債券），股市下跌時就拿

現金（賣出債券）加碼股市，兩者互為互補，相輔相成，讓資產配置效益達到極大化。

房地產 ETF（REITs ETF）雖然跟股市的關連性較低，但 REITs ETF 實際持有的並非是不動產產權，而是經營房地產的公司股份。雖然租金收入大部分會配發給股東，但當股市碰到大股災時，REITs ETF 同樣會受影響，而且跌幅甚至比股市還要多。而重金屬 ETF 與股市的關聯性較低，但是不會創造價值或利息，進而帶來長期的資產增長，只能靠市場上的需求決定價格漲跌，一般會當作小額避險的工具，不會當作主要投資商品。

▶ 簡單的股債投資最有效率

如果你只能接受投資台股，對於股債資產配置不是很認同，那就可以考慮用最基本的台灣 50（0050）或富邦台灣 50（006208）搭配台灣高股息（0056）的投資組合，一方面有部分資金跟著台股大盤漲跌，另一部分資金可領取現金股利，至於比例該如何分配取決於個人偏好。

但同時必須要知道，這樣的搭配是把資產全部壓在台灣單一國

家的股市發展，而且 0050 跟 0056 都是股票市場，如果碰到股災，所有股票都會下跌，完全沒有避險效果，這樣做的方式等於是百分百投資股票，並沒有真正做到資產配置的目的。如果想以此方式投資的話，建議配置 2 ～ 3 成資金在銀行定存，或是可保本又可快速贖回的金融商品，當作加碼備用金，如果股市發生比較大的跌幅時，還有資金可以加碼，透過定存代替債券的效果。

如果你願意投資海外市場，則可以配置的項目選擇更多，透過海外券商或是台灣券商的複委託進行投資，選擇符合人生需求的海外投資方式。**以投資全球市場為目標，最簡單的股債配置就是用 VT 搭配 BNDW，直接依據全球各國的市值比例投資其股市，根據自己的波動承受度決定股債資金的配比。**由於持股與需要交易的次數不多，若不想把錢匯到國外，用複委託交易的手續費也不至於太高，相較於處理海外遺產問題，交易 100 萬元付出 3,000 元手續費或許是能接受的範圍。

如果你不喜歡 VT 的各國家配置比例，例如想要降低美國市場占比到 40%，將多出來的資金分配到已開發國家與新興市場，那麼一檔 VT 就無法滿足需求。這時可以透過持有 VTI（美國市場）、VEA（美國以外成熟市場）與 VWO（新興市場）來控制持股比例，

而債券一樣可以透過持有 BND（美國債券）與 BNDX（美國以外債券）進一步控制美國與非美國的債券持有比例，如此就能持有 5 檔 ETF，分散投資風險。

若是特別看好某一特定國家的未來發展，例如想要持有更多的中國市場股票，你可以用上面的 5 檔 ETF 組合，再加上 MCHI（中國 ETF）調整中國市場的持股占比。同樣的，若是對於自動駕駛產業特別有信心，也可以用上述 5 檔的基本組合，再加上 IDRV（自駕電動汽車和科技 ETF）增加相關產業的持股比例。

除了股票與債券的配置，同時也可以考慮搭配與股票市場比較沒有連動相關的重金屬與房地產 ETF，譬如近年流行的 GLD（黃金 ETF）與 VNQ（美國 REITs ETF）或是 VNQI（美國以外 REITs ETF）。若只對美國單一市場有興趣，就可以考慮用 VTI 搭配 BND 做股債配置，直接投資美國全股票市場與債券市場，一舉數得。

▶ 資金配比要靈活彈性

在了解 ETF 的搭配選項之後，進一步探討資金分配比例。對於投資積極且還有二十年以上才會退休或動用到這筆資金的

人，可以考慮用最極端的方式，那就是百分百投資美國股票市場（VTI）或是風險較分散的全球股票市場（VT），每年只要有閒置資金就再投入，等到快要退休或需要動用這筆資金之前，就將資產做配置轉換。想要靠股債資產配置做再平衡且降低波動的保守型投資人，就可以用 VT 與 BNDW 以 80:20 的配置，設定固定條件做再平衡。如果你是已經要退休的人，最保守的搭配千萬不要全部放在債券，至少也要配置 30% 的比例在股票市場。

想要做足市場分散的投資人，也可考慮自行配置市場資金占比，舉例來說，用 VTI 30%、VEA 20%、VWO 20% 配置分散全球股票市場的占比，降低美股比例，然後搭配 BND 15% 與 BNDX 5% 分散部分美國債券的比重，再配置 10% 分別給房地產 VNQ 5% 與黃金 GLD 5%，總共持有 7 檔 ETF。

美國常常是帶動世界經濟與股市漲跌的第一經濟市場，一般配置都會提高美國的分配比重，譬如 VT 的全球配置，美國股市就占 60%，已開發國家的股市常常互為連動。或許會有少數幾個國家某幾年發展特別突出，讓 ETF 的表現比美國更好，但也因為國家持股占比不高，對於整體 ETF 的影響也不大。新興市場在 1990 年代表現特別突出，當時的美國股市卻是盤整了十年，2008 年金融海

嘯後，新興市場也是比美國要早復甦，績效領先美國四年，如果配置很高比例的美國市場或只有單壓美國市場，那麼就會有好幾年的績效報酬是落後全球配置。而房地產與黃金或重金屬屬於避險資產，不是主要帶來資產成長的投資標的，所以配置比重建議當作部分取代債券的部位。以前面配置 7 檔 ETF 的範例為例，可視為股債比例為 70:30，而債券的部分，將其中的 10% 以房地產與黃金做替換。

▶ 匯損也是需要考慮的因素

決定好你的資產配置方式後，再來考慮想要持有多少比例的台幣資產與美元資產。如果將資產的 80% 都投資美股 ETF，同樣也表示你持有 80% 的美元資產，如果你都是在台灣生活消費，那美金對台幣匯率的漲跌就會大大影響你的資產，如近幾年美元兌換新台幣從 33 元跌到 28 元，你的美元資產等於減損 15%。如果你需要賣掉美股 ETF 將美元換成台幣，你就必須要實現 15% 的匯損。

如果主要在台灣生活，美元資產就建議不要占比太高，至少台幣資產要夠用好幾年，不需要被迫將美元資產換回台幣實現匯損。譬如可以規劃台幣與美元資產各半，台幣資產包含銀行現金、定

存、分紅型保險、股票、黃金等；美元資產包含現金、定存、美股持股、美元保單。如果剛開始資金不多，不需要堅持調整到各半，可以在累積資產的過程中，逐步調整台幣與美元資產比例。

另外，如果有用海外券商投資美股，若擔心因意外突然離世會造成海外資產難以取回，那就需要控制國內與國外的資產比例。建議將海外資產比例控制在 50% 以下，並買一筆金額約等同於海外資產的意外險，如果真的發生意外拿不回海外資產，這一筆意外險理賠金可以彌補損失，再慢慢花時間請專業人士協助取回海外遺產。如果希望投資美股的資金能達到 70%，就可以善用複委託的方式，例如 50% 的資金匯到海外券商，另外 20% 的資金透過國內複委託買進美股。

考量複委託有較高手續費的問題，可以將占比較高的持股用複委託購買，減少交易機會。譬如你打算配置 VTI 50%、VXUS 30% 與 BNDW 20%，打造一個全世界的股債 80:20 的資產組合，你的美股資產想要達到總資產的 70%，就可以複委託買進總資產 35% 的 VTI，然後在海外券商買 21% 的 VXUS 與 14% 的 BNDW。此時海外資產僅占總資產的 35%，那就有空間用零手續費的海外券商做資產再平衡。當海外資資產接近 50% 時，就再透過複委託單

筆買進 VTI，提高台灣資產的比例，而資產再平衡則利用零手續費的海外券商進行持股調整。

另一個方式是透過複委託直接買進可以自動執行再平衡的 AOA（iShares Core Aggressive Allocation ETF）系列 ETF，你就只要持續買進而不用再花時間、精神、與複委託的手續費做再平衡。而海外持股就可任由自己的意願搭配 3 檔、5 檔、7 檔、甚至 10 檔的 ETF，執行資產再平衡的時候也不需要支付任何手續費。

在規劃資產配置時，考慮的不只是股債配置比例，還要將所有資產也一併計算。依據個人的生活需求與人生規劃，調整台幣資產與外幣資產比例，還有國內資產與海外資產的比例。這個比例都是需要依據人生規劃進行適度調整，舉例來說，因為小孩教育打算移民到美國，未來長時間都會在美國生活，那美元資產肯定要比台幣資產高，這時就會以美國券商的美股為主，將複委託的美股持股轉換到美國券商，甚至在獲得美國身分之後，還需要另外開立美國居民才能申請的證券戶。依照人生規劃的資產配置，才能讓資產順利穩定的增加，因為符合自身需求，才會正視且真正執行。

他山之石，可以攻錯

從前面章節的內容可以發現，我不斷地提到**資產配置沒有最好的答案以及一種方式適合所有人，也沒有一個最棒的組合可以直接沿用**，但上一章節提到的範例有部分基礎的配置方式，讓大家參考，以這些範例當出發點，再配合自己的家庭財務情況進行調整。本章節將以不同年齡階段與經濟背景的案例，簡單舉例其資產配置的方式與應該注意的地方，目的不是要提供一個可以照抄的方法，而是具有參考價值的思考方式。

▶ 案例 1：年輕人可選擇積極資產配置

28 歲的單身年輕人，剛出社會大約五年，工作月薪約 4 萬元，已經有 50 多萬元的存款，開始想要將存款轉做投資，他可以怎麼做？

　　首先要盤點這位年輕人需要的基本保險是否已有保障，假設基本保險已經擁有，接著是需要預留足夠支付生活的預備金。假如在非常節省的情況，每月至少還要支出 2 萬多元，半年準備金就需要 15 萬元，再加上固定性的年度支出，那就要預留 20 萬元的準備金，所以首筆可用來進行投資的資金為 30 萬元。

　　如果這位年輕人有基本的記帳習慣，每個月的收入在扣除基本支出與娛樂費用之後，還可以剩下 1 萬 3 千元，那這 1 萬 3 千元就是能轉做儲蓄的金額。若近期沒有預計像是買車、出國旅遊、出國進修等大筆支出，則 1 萬 3 千元可以全部投資股市；若有短期大筆支出的需求，就必須將每月應存的錢分成兩筆，一筆是以較保守的方式存短期支出，另一筆則是存長期不會動用的退休金。

● 越是年輕，投資方向可以越積極

　　28 歲的年輕人距離 65 歲預定退休年齡還有三十七年，在退休金的投資上可以選擇比較積極的方式，將八成或甚至更高的比例投入股票市場，37 年的時間大概會經歷 3 ～ 4 次的景氣循環，不用太擔心碰到股市大跌，債券的比例可以配置兩成以下，當人生步入不同階段時再調整比例。

由於距離退休年齡還有一段很長的時間，我會建議勇敢持有較高比例的美元資產，台幣資產保留近幾年可能需要的金額。首筆 30 萬元的資金可考慮直接單筆或分成 3 筆分期投入台灣 50（0050），先建立基本的台幣資產額度，如果未來有急需動用資金的情況，還能從台股變現。後續當每個月的存款累積一年或到一定程度的金額之後，就將整筆資金匯到海外券商進行美股投資，或是透過定期定額複委託投資美股，台幣與美金資產可以考慮控制在 30：70。

▶ 案例 2：小家庭的資產配置需要各半

一對夫妻年齡大約 40 歲，育有兩個兒子，夫妻年收入約 200 萬元，已投資台股一段時間，但獲利起起伏伏，開始想要投資美股，基本的保險都已投保，目前手上有閒置資金約 500 萬元，這對小家庭夫妻的資產配置應該如何調整？

假設這對夫妻的年花費約 160 萬元，這包括生活費、教育費、娛樂費、稅金甚至是房貸等必要支出，每年可以存款 40 萬元。案例中已提到這對夫妻已經有了足夠的保險，保險內容應該包括意

外險、醫療險、失能險、重大傷病險、壽險或癌症險，接著就是計算生活準備金了。以年花費 160 萬元計算，半年的需求為 80 萬元，但因為有小孩的關係，家庭支出容易有變數，建議保留多一點的生活預備金，大約是 100 ～ 150 萬元放在銀行定存。

扣掉準備金 150 萬元，閒置資金剩下 350 萬元，40 歲的年齡距離退休還有 20 幾年，建議台幣與美金資產比例可配置 50:50，也就是準備 250 萬元投資美股，而生活準備金的 150 萬元屬於台幣資產，在此案例中，他們可以動用另 100 萬元投入台灣股市，部分投資台灣 50（0050），部分投資台灣高股息（0056），依資金需求的靈活調整比例。而 250 萬元就可以直接單筆匯出到海外券商進行美股資產配置，將美金與海外資產控制在總資產的一半。

如果這對夫妻對於將一半的資產放在海外不放心，但又想維持 50% 的美股投資比例，則可以考慮僅匯出 150 萬元到海外券商，另外 100 萬元透過台灣複委託投資美股，這樣就能維持 50% 的美股比例，又可以將海外資產降低到 30% 的比例。

若想維持台幣與美金資產各半，則每月存下來的 40 萬元就需要做分配，可以將 20 萬元投資台股，10 萬元透過複委託投資美股，

而保留最後的 10 萬元，等累積到比較大筆的金額再匯到海外進行投資。還有一個方式可以提高美股投資比例又不增加海外資資產比例，那就是直接購買台股 ETF 裡投資美國股市的標的，例如元大標普 500 基金（00646）或國泰美國費城半導體基金（00830），當然，美股資產的股債配置也要將這些資金一併計算。

▶ 案例 3：中高年齡的資產配置經不起波動

一對夫妻年齡約 50 歲，目前年收入 100 萬元，小孩是大學生，擁有自己的房產，手上持有大約 1,500 萬元的基金與股票資產，希望可以在十年內退休。依據他們的需求，又可以如何規劃適合的資產配置呢？

由於小孩即將畢業出社會就業，相對大幅減少孩子的教育支出，而且又已擁有房產，也不需要繳房貸，經濟壓力大為降低，剩下的就是退休準備了。即將退休的夫妻需要的保險，應該也一應俱全，如果有投保定期壽險，在小孩工作後也可以停保或是減額。年齡 50 歲的夫妻，若沒有很多社交活動支出，可能一年必要的生活花費僅需 50 萬元，保留 100 萬元當作生活準備金應該相當

充裕，再保留 50 萬元現金當作小孩剩餘的學費與生活費，實際可以進行投資的資金為 1,350 萬元，每個月可以存下來的資金還有 50 萬元，如果退休前想過好一點的生活品質，每年需要存下的資金就能降低，後續讓我們一起幫這對夫妻計算每年需要的存款金額。

若夫妻倆希望在十年後退休時，可以保有如現在年收入 70 萬元的生活水平，以平均 3% 通貨膨脹率計算，等於十年後每年要取得 94 萬元的金額，簡單用 4% 提領法則推算，需要準備 2,350 萬元才足夠生活。由於距離預計退休時限只剩十年，不知道景氣循環走到哪個階段，也不知道何時會碰上股市大跌造成資產大減，所以在這十年內就要選擇比較保守的股債配置方式，將年化報酬率預估在 5%，達成率會比較高。

以本金 1,350 萬元為第一筆投資，假設之後每年持續投入 30 萬元，資產配置的年化報酬率可以達 5%，則十年後就可以將資產累積到 2,370 萬元，達到預期需要準備的 2,350 萬元。所以在這十年的退休金準備期間，夫妻倆還是可以過上每年 70 萬元的生活水準，僅需要從收入中存下 30 萬元，並且降低預期投資報酬與投資風險，僅須追求 5% 的年化報酬率，就能在十年後達到退休金的需求，並維持如現在年花費 70 萬的生活品質。

對於將要退休的夫妻而言，為了降低美金匯率對於總資產的影響，建議在退休前將台幣資產提高到七成，並且將海外資產降低至三成比例。如果海外券商的資產較高，可以考慮將海外券商的持股直接轉換回台灣券商，不需要賣出持股。美股的投資比例也能逐步降低，轉換成台幣計價的資產。以上的比例並非制式的建議，而是看個人對於海外資產與美元匯率所受影響程度而定，如果你的準備金非常足夠，就算需要經歷 3 年的帳上匯率損失，也不需要將美元資產變換成台幣資產，那麼就有條件維持 50:50 的台幣與美金資產比例。

● 只持有台股 ETF，風險相對較高

另外，在完全退休之後，建議不要只持有台股資產，因為不管任何年紀，持有單一國家的股票都要承受較高風險。為了避免美金匯損而完全不持有美股，反而有點本末倒置，重點是台幣現金要有足夠的底氣，不會被迫要實現股市與匯率的虧損。如果你是高資產族群，每年的台股現金股息就已足夠過生活，那美金資產就能不受匯率影響，可以更大膽的配置更高比例的美金與美股，不需要因為年紀或已退休而縮減到三成以下。

最後，購屋也會影響退休金規劃，如果沒有可繼承的房產，

那麼在計算退休金時，就必須將買房的資金，或是退休後需要租房，又或是住養老院的資金一併計算。如果你是在雙北工作的人，並不表示必須另外準備 2,000 萬元在雙北購屋，或是每月支出 2 ～ 3 萬元租房，你可以在退休後，選擇遠離市區但有基本生活機能的郊區，買一間 300 萬元的房屋養老，也可以在市區買一間足夠兩個人住的大套房生活。無論是哪一種方式，在準備退休金的同時，也要把居住方式與需要付出的資金進行完整評估，才不會讓退休計劃失真。

# 分享我的資產配置

綜合以上總總，我分析了市場上好幾種資產配置的方式，在此也希望分享我的資產配置規劃，提供大家參考。我的資產配置集中在股票市場，因為金融商品比較容易交易，交易門檻不高，種類品項範圍廣泛。

▶ 我的資產配置考量原則

第一，以美股與全球市場為主。前面的章節已提到，台灣股市屬於單一國家市場，而且著重在電子產業，雖然投資台灣50（0050）足以代表台灣指數，但如果要把投資集中在同一個國家，我會選擇美國，因為美國有更多世界級企業。

但投資美國不是萬靈藥，也同樣具有風險，舉例來說，也有可能未來 20 年的某段時間美國會陷入衰退，由其他地區市場領導漲勢，就如同西元 1999-2006 年間的美國與新興市場。所以投資標

的必須要涵蓋美國和其他已開發國家、新興國家，且包含全球各洲的國家。

第二，持有一定比例的台幣資產。投資全球市場勢必跟美元匯率有關，無論我的扣款是美元還是台幣，買進的標的都是以美元計價，如果全部都持有美元計價的資產，那美元對台幣的匯率就會對資產報酬具有影響。

除了帳面上的未實現損益，我們每次要用錢的時候，不管是要用到配發的股息利息，或是要賣股換成現金，都需要將美元轉換成新台幣，畢竟我們主要生活的地方還是在台灣。如果每次要用錢都需要面對美元兌新台幣的匯率波動，當匯率較差的時候就會被迫必須要實現這個匯率損失。若是我有一定比例的台幣資產，那我就不需要在短期內去實現匯率虧損。

持有台幣資產也有一個好處，當需要貸款或是其他金融服務的時候，台灣的銀行會參考你的資產評估，而銀行會認列的內容就包含帳戶裡的現金、定存、台股股票、或是債券等，海外資產通常不會被認列在評估範圍，而且台股股票還可以向券商做質押借款。所以台幣計價的資產投資還是必須維持在一定的比例以上。

第三，海外資產不超過總資產的一半。很多人會透過海外券商進行美股投資，但最多人擔心的就是意外過世後，錢很可能會拿不回來，或是要花費很大的心力處理海外遺產的問題。我認為這個風險不能忽視，人生總有意外，海外資產過多還是有損失風險。

所以評估總總風險發生機率，我的規劃是各放一半資產配置，如果真的發生不幸的意外，最多就是損失掉一半資產，當然，這個損失還是有方法可以避免的。

為了減少突發身故而面臨沒有時間處理海外資產的意外，減少損失的方法就是用少少的錢在台灣投保高額意外險，如果海外資產有 2 千萬元，就每年花個 2 ～ 3 萬元投保 2 千萬元的意外險。這樣就算海外資產都拿不回來也能獲得保險理賠，若是 2 千萬元都改用國內複委託的方式，千分之三的手續費就要 6 萬元了，所以仔細算算，意外險也不算貴。

▶ 我的資產配置規劃如下

- 海外券商持有美股 ETF 占比 50%，投資標的為 VTI、VXUS、VOO、BND、BNDX、VGIT。

- 台灣複委託持有美股 ETF 占比 20%，投資標的為 AOA。
- 台灣股市 ETF 與現金存款占比 30%，投資標的為 00850 與 00878。

海外資產我按照前述原則，設定約 50%。要投資全世界市場，最簡單的標的就是買 VT，但因為想較有彈性的控制市場資金比例，所以選擇用 VTI 與 VXUS 來控制投資美國與美國以外其他國家的資金比例。而 VOO 是小比例增加美國大型市值公司的占比，藉此來調整美股與美國大型股在資產占比的方式。

債券的部分相對簡單，最保守的債券就是國家債，而國家債裡又以美國國債最具標竿價值，所以我的債券選擇就是以 BND 來投資美國的國家債券與投資級公司債，以 BNDX 來投資美國以外的債券市場，加上 VGIT 這一檔美國中期公債也是用來調控美國債券所占的比例。我的規劃是以股債 80:20 的方式持有到退休前 3 年才開始調整股債比例，提高債券占比。

由於我希望投資全球的資產可以占多數，又希望能隨時控制的台灣資產占有一半，所以我選擇將 20% 的資產透過複委託的方式來投資美股，這麼一來，我的美股資產達到 70%，但又不至於讓

海外資產超過 50%。由於複委託的手續費較高，若要像海外券商持有多檔 ETF 並每年做再平衡，會需要支付不少手續費，而 AOA 的特性就解決了我的困擾。只要買進時付一次手續費，之後 AOA 這一檔 ETF 就會自動做再平衡，而且 AOA 的持股內容就已經以 80:20 比例的方式包含全球股市與債券。

剩餘的 30% 資產則用來投資台灣股市 00850（元大臺灣 ESG 永續）與 00878（國泰永續高股息），其實這兩檔是我替代 0050 與 0056 的組合方式，我個人較偏愛 ESG 的指數選股邏輯，當然，若想用 0050 與 0056 也是可以。這兩檔的持股比例我設定為 50:50，不管是大盤指數成長或是高股息的方式，都可用一半的資金參與來取得一個平衡，也藉此增加投資台灣企業的數量。台灣資金還包括帳上現金與放在定存的緊急備用金，加上股票的部分占總資產的 30%。

以我的退休金目標 3,000 萬元為例，套上規劃的資產配置目標，最終我在美國券商必須累積到台幣 1,500 萬元，台灣美股複委託要達到台幣 600 萬元，而台股的資產金額要有 750 萬元，還有放在銀行的現金與定存的備用金共 150 萬元，在美國與台灣的資產分別都是 1500 萬元，請參考下表：

表 7：雨果的資產配置規劃表

	單位：萬元	分佔比例	總比例
總資產	3,000		
美國券商	1,500	50%	70%
台灣美股複委託	600	20%	
台股	750	25%	30%
現金與備用金	150	5%	
美國	1,500	50%	100%
台灣	1,500	50%	

製表／雨果

　　以上就是我的資產配置規劃，另外我做如此規劃的原因與目的，希望你看完之後能夠理解規劃配置的考量方式，當然不是每一個人都能套同一個公式，請按照自己的需求與風險承擔程度來規劃適合自己的資產配置，因為每一個人目前身處的人生階段、財務背景、收入來源與可負擔的經濟壓力不同，對於人生未來的規劃也不一樣，希望從這本書學會的是方法而不是答案。

希望你帶走的投資理財心法

　　投資的方式有很多，相較於創業、開店、房地產、或骨董精品，股票市場是相對容易開始、資金需求較低、投資範圍最廣、相關資訊也最公開的投資方式。但股票市場的投資技巧與方式很多，市面上相關的書籍不勝枚舉，許多人終其一生都無法找到適合自己，真的可以賺錢累積資產的方式。與其一開始就投入研究各種股市投資方式，不如先學習基本的理財知識，培養好正確的心態，才有辦法找到適合自己的理財與股市投資方式。

　　如同我過去十多年的投資經驗，還有很多朋友的案例，想快速的投資賺錢獲得財務自由，十多年來卻發現結果沒有實際獲利，我若是能提早認清並堅持往對的方向前進，即使進度比較慢，早晚還是會有到達的一天，最怕的是投資了二十年，真的到了退休年齡的時候還在原地，甚至負債累累。

▶ 我想傳達的理財觀

　　所以我並不是要教大家如何從股票市場快速獲利的技巧，而更想傳達的是理財對於每個人的重要性，而且理財知識並不僅止於投資賺更多錢，還包含生活價值觀、消費與存錢觀念、通貨膨脹的實質影響、還有退休生活的準備與計畫。除了用前面的篇幅帶領讀者一步步的建立退休計畫與退休金準備方式，最後這個章節也想多分享一些我認為很重要的觀念與心法，希望各位在規劃退休計畫時能思考的更完整，準備的更完善，在碰到生活發生變化時，也能即時做出適當的調整。切記，投資並沒有一個所謂最棒、最賺錢的方法，只有最適合你自己當下需求的對策。

▶ 理財是為了好好運用「錢」

　　「金錢」是為了生存下去的工具。除了基本生活消費，剩餘的錢就看每個人如何運用，有人有強烈購物欲、喜歡買東西，有人喜歡四處旅遊多增廣見聞，有些人需要在銀行放一大筆錢才有安全感。金錢觀與每個人的人生經驗與價值觀有關，但不變的是：理財最基本的目的是把「錢」這個工具變換成自己想要的事物，還有，希望錢不要貶值，最好能越變越多。

相信對於絕大多數的人來說，金錢都是有限的資源，如果口袋裡只有 100 元，可以拿來買一個便當，但可能就得捨棄甜點與飲料，因為資源有限，你就必須做出選擇。對一般人來說，金錢跟時間很像，差別在於金錢可以主動獲得，而時間對每個人卻是公平的。無論是金錢或是時間，都需要你做出當下最妥善的運用，才能盡量避免浪費。

▶ 先規避風險、固本，然後再求成長

我們都不希望因為通貨膨脹而導致手裡的錢貶值，那就需要找一個方法能長期且盡量穩定的獲利，而且增長的速度必須高過通貨膨脹率，方能固本。而固本還需要規避突然發生大量損失的風險，利用一些基本的金融工具來確保資產增值能高於通貨膨脹率是很重要的，同時適度的保險也可以保障避免突發性的高額支出，讓自己辛苦累積的資產瞬間歸零或去掉一大半。

保險可以避免因疾病或意外而造成突發性的大筆支出，意外險、癌症險、重大傷病險等，就是保障大筆支出的選擇。如果你有駕車，車險與超額險就是很重要的保障工具，避免意外撞上超

跑需要賠償好幾百萬的修車費。

▶ 預備好退休金是必要的

人一生的工作時間有限，尤其是依靠勞力工作的人，其工作壽命更是短暫，如何在有限的工作時間裡，為自己的一生準備好足夠的金錢是很重要的工作。如果能夠存到夠多的退休金當然最好，但若能透過投資理財方式讓現有的積蓄可以維持得更久，會是更理想的方法。

退休時需要準備多少錢，可以過什麼樣的生活，通常都與出生時的家庭背景與自己的收入情況有很大的關係。如果只是一般家庭，工作收入就在 5~10 萬元之間，就不需要去期望退休後可以開名車、住豪宅，每年出國旅遊數次，有不切實際的退休規劃是失敗的第一步。有了比較切實的退休生活需求與規劃，才有辦法估算實際需要多少退休金，也才有辦法規劃適合的投資工具來完成退休理財計畫。

▶ 萬事起頭難，存錢是理財的第一步

理財的先決條件當然是先要有財可理，所以要先有一個能夠為你帶來資金流入的工作或方法，先滿足生存的基本需求，扣除基本生活花費後所剩餘的錢，才考慮投資，讓自己生活過得更好，或是利用投資創造更多財富。所以要做好投資理財有一個先決要件：先顧好自己的本業或是主要收入來源，然後想辦法在扣除生活花費後能留下錢，接著才是進行理財規劃與財富管理。

開源，然後節流，增加收入後，存錢也是很重要的一步，存錢就是減少非必要性的花費。收入越高的人常會過著越好的生活水平與越高的花費，而退休金標準也會跟著越高，反而要累積到足夠的退休金難度會比一般人還要高。

所以養成記帳而且檢視的習慣能幫助更有效率的存錢，同時也讓自己清楚的知道每個月的基本花費多少，這對於退休金的規劃來說是一項很有用的參考依據。

▶ 投資工具很多，不用堅持特定項目

　　大部分的人一提到投資就會直接聯想到股市，其實買賣房地產、合夥開餐廳、交易古董藝術品、甚至買賣限量球鞋都可以是一種投資，只要能為你的資產帶來更多收益的方式都可以是投資方式，你應該找幾個比較熟悉並且有門路的方式，在仔細評估後考量後一起規劃，不須堅持只能投資股票市場或房地產市場。

　　投資方式各有其優缺點與限制，期待報酬與風險通常是伴隨而來，不需要與他人爭辯哪一種方式是最好的投資方法，適合你的方法並不一定會剛好適合另一個人，因為他的需求與財務背景通常都會與你有所不同。相同的道理，你也不該期待可以直接複製別人的投資理財方式，直接複製肯定會有點水土不符的情況，建議你確實了解各種投資方式的特色、限制與風險，才來規劃你的投資計畫。

▶ 投資不該變成你的主業工作

　　我見過許多投資人，為了想要增加報酬率與勝率，而投入越來越多的時間閱讀財經新聞，研究公司企業的財報，或研究股價歷

史走勢，花費大量工作之餘的時間做相關的功課，其實這些人已經默默把股市投資變成了另一件工作了。除非你對於閱讀財經資訊與相關研究特別熱衷，否則花大量時間去從事一件自己沒有興趣的事情，可能就不是一件好事。

如果你的投資目的是想讓銀行裡的錢增加，又想要好好善用業餘時間做自己想做的事情，不想把自己搞得像專業的投資經理人，那麼就應該要找一個不需要花費很多時間也能長期獲利的投資方式。有趣的是，股市也並非是投入越多時間就會有越多回報的地方，就算把自己忙得像投資經理人一般，也未必會獲得更好的投資報酬，反而還可能賠掉更多錢。

▶ 分散投資才不至於得失心太重

如果資產都集中在某幾檔公司的股票，那麼你應該是對這幾家公司的未來發展相當有信心與期待，相信也對這幾家公司做了相當多的研究，對其產業項目、服務產品、營運狀況、未來發展計畫等都相當了解，否則就該避免用賭博的方式，將資產集中在這幾家公司。

　　若以上的要求對你來說太困難，不想花這麼多時間研究投資的公司，也不想太過度關心股市的狀況，那麼你應該採取的投資方式是分散投資。將資金藉由投資 ETF 達到買入數百家、數千家、甚至是涵蓋全球企業的股份，把獲利機會與踩到地雷的機會大量分散，只要世界經濟或整體市場是成長的，你持有的數百數千家公司的股價通常也多數是成長的情況，而你並不需要花時間研究這幾百幾千家的公司營運狀況。

▶ 投資自己，藉此增加本業收入

　　「資產投資結果＝本金 x 投資報酬率 x 時間」，資產的增減取決於累積投入的本金、歷史投資報酬率與投資的時間長短。投資別人，不管是投資在個人還是公司，結果好壞都是決定在別人身上，自己無能為力，你唯一能做的就是決定減碼、繼續觀察或加碼投資。如果是採用被動式指數 ETF 投資方式，年化報酬率大概就是在一個範圍內，想要期待超額很多的報酬幾乎不太可能。

　　在相近風險下要提高投資報酬率的機會有限，要增加投資時間的難度其實更高。若是做退休金準備的投資，要將投資時間拉長即意指要延後退休年齡，如果原先規劃的是 60 歲或 55 歲退休，

你還有五至十年可以緩衝，如果你是設定 65 歲退休，那你願意延後幾年來增加投資的資產呢。

最有效率、投資報酬率最高的方式就是增加本業收入，如果那麼月薪是 3 萬元，透過增加專業能力、轉換公司、轉換職務、或是增加業外工作收入，每個月可以多 5 千元收入，那麼每年報酬率就等於增加了 16.7%，這比被動式指數 ETF 能帶來的報酬率還高。而且這筆收入不是所謂的投資年化報酬率，而是每個月穩定的現金流增加，這筆現金流能夠幫助你提高投資的本金，加速資產累積速度。

▶ 收入增加，支出別跟著增加

不少投資專家分享家庭收入的使用分配是用比例來規劃，譬如每個月收入的 50% 是生活必要支出、20% 是非必要支出、20% 儲蓄投資、10% 保險。假設你的家庭月收入 5 萬元，每個月生活必要花費需要 4 萬元，一年還可以存下 12 萬，占所得的 20%。當你月收入增加為 6 萬元的時候，生活費沒有必要變成 4 萬 8 千元，因為本來每個月 4 萬元就可以過生活，並不會因為收入增加了，

就必須增加消費才能過生活，這些新增的花費只是讓你的生活過得比較好一點。

沒有人規定你的生活費與儲蓄比例必須要固定在一個標準，當你的收入還少的時候，必要生活費可能占了收入的 80%，但在收入逐漸增加的過程，必要生活費如能控制在一個合理範圍，不要隨著收入增加而等比例的提高消費水平，你的投資本金就可以增加，加速資產的累積，提早達到財富自由或退休門檻。

▶ 時間，是投資能否獲利的關鍵因素

當你的錢放在股市裡進行投資時，它就變成了一個帳面上的數字，並且每天都在變動著，賣掉持股時，它才會變回真正可以消費的錢。所以無論的股票帳戶帳面上的績效是獲利還是虧損，只有在實際賣掉股票實現損益的時候才有意義，否則即使獲利百倍也都只是紙上富貴。

如果持有的股票目前帳面上是虧損的，但這檔股票是存退休金的標的，距離退休還有二十年的時間，也就是二十年後你才需要將它賣出變現，那麼現在帳上的損益並不重要，因為現在還不是

實現損益的時候，重要的是它未來是否會繼續成長。

但如果下個月就需要靠賣掉這檔股票來取得現金繳貸款、買車、或付學費，你就應該要擔心目前帳上的損益，因為沒有時間繼續等下去。所以一門投資是否會賺錢，取決於要將它變現的時間點是什麼時候，所有投資皆是如此。

▶ 讓人生過得精彩是自己的功課

現在的錢只是電腦螢幕上的幾個數字，累積再多的資產，如果沒有好好運用它們，這些資產都只是螢幕上的數字而已。自己用到的時候是資產，自己用不到就變成遺產，如何好好利用資產讓生命更豐富精彩是一門終身學習的學問。

你可以用錢換到更多更好的物質生活，但當物質享受超過一個境界時，更多只要用錢就買的到的物質享受並不會為你帶來更多快樂，人對於容易取得的東西容易麻痺，於是有些人開始追求權力地位，有些人開始尋找生命的價值，可能開始從事公益活動，或是將資產捐獻給其他更需要的人。

　　如果存錢的目標僅是享受更好的物質生活，很多人最後都會失望甚至後悔，更多人會因此而沒有好好善用自己的時間。投資最基本的要求應該是避免累積資產因為通貨膨脹而貶值，更進一步是希望可以準備好足夠安穩退休生活的資產，除此之外，我們應該多想想，用額外的金錢與時間做什麼事情，才不會在人生臨走時，後悔錯過太多事情，遺憾還有很多想做的事情還沒做。

投資理財是
一門終身的課程

　　投資理財是一門終身的課程，投資的主要目的並非是在短時間內快速賺到一大筆錢，而是找到方法讓資產可以「持續」增加，或是「穩定」提供現金流入。理財更是學習在累積財富的時候，可以降低非必要的消費、避免突發性的意外大額支出，也有效率的讓資產保值甚至是增值。

　　十幾年前我就像大部分剛接觸投資的人一樣，想要在股票市場找到飆股，希望在一筆梭哈之後可以快速把本金翻倍再翻倍。但是在發現事與願違之後，靜下心來開始研究各種技巧性的投資方法，學習其他不同的投資產品或工具，從重壓一檔到分散投資，從技術分析到財報分析，從個股投資到期貨選擇權，每種方式都嘗試，但獲利成效都不如預期，問題在於這些方法有時候有用，但更多時候是失效的結果。

在與周遭有投資的朋友討論之後，發現大家在投資生涯中也都沒有真的賺到錢，好一點的狀況就是打平而已。或許這「賺不到錢」不是我個人會遇到的問題，而是大部分的人都是如此。我們需要一個更簡單、更容易執行、更適合絕大多數投資人的長期投資理財方法。

經過一段時間的研究與學習，幾年前我突然開竅，發覺過去的投資方法並非無法獲利，而是無法長時間的持續獲利，而且需要投入的精神與時間相當多。如果投資理財是一件一輩子都要進行的事情，那這個方法勢必要容易執行，而且在未來幾十年可能碰到的情況也都要能應對，讓我們能安心的將資產用此方式進行長期投資。

試想若你在 30 歲時贏得一筆獎金，或是繼承一筆 5,000 萬元的遺產，這筆錢肯定是可以退休不工作了，但在未來的五十年，甚至 70 年，你打算將這筆錢放在銀行領利息，坐吃山空嗎？或是可以規劃一個資產投資組合當作「類存款」，每年領到的利息比銀行定存多上好幾倍，附帶的條件是雖然本金也會有一定程度的增加或減少，但絕對不會賠光，甚至長時間累積還能有很高的機率持續增加資產，可以安心的把所有資產都放在利息與風險都比

定存高一點的資產配置，獲得更長久的資產使用期間。

　　若你長期在股市投資卻一直無法獲利，或是開始想準備退休金，希望本書的內容能帶給你啟發，打通任督二脈。用不正確的心態、錯誤的投資方式、與不切實際的期待，都會將我們帶離理財正軌，與目標越來越遠。盡早開始透過正確的方法累積資產、設定人生目標、豐富人生經驗，避免像多數投資人，花了大量的時間在股票市場卻無法累積獲利。記得，股票市場並非是一個努力就會有收穫的地方，常常不努力反而能帶來更大的收益。

　　因本書的篇幅有限，還有許多跟投資相關的基本觀念無法納入，譬如造成通貨膨脹的原因與實際影響、存定存股、借貸投資、買房還是租房、對於年化報酬率的正確認知、實際的殖利率應該怎麼算等議題。如果你想要了解更多的投資觀念，歡迎加入雨果的 Facebook 粉絲團或部落格，有更多的分享與討論。你可以上網搜尋「雨果的投資理財生活觀」，就可以找到粉絲團與部落格連結，希望本書能帶給你過去不曾意識到的投資觀念與價值，幫助你在存錢與投資路上有更正確的心態，順利達到財務自由，將自己的人生買回來！

美國券商開戶流程說明

● 嘉信證券
線上開戶

🌐 開戶流程
https://bit.ly/3oOWZnA

● 嘉信提款卡申請
與開卡方式

🌐 提款卡申請流程
https://bit.ly/2Z5qWqE

● 嘉信下單
交易教學

🌐 APP 下單教學
https://bit.ly/3kRfyGr

退休金需求試算表，個人化預算規劃表

🌐 表格下載:https://bit.ly/3JkYMdC

聰明的 ETF 投資法

作　　者：雨果
協力校對：洪晟芝
責　　編：黃佳燕
封面設計：張　嚴
內頁編排：王氏研創藝術有限公司
印　　務：江域平、黃禮賢、林文義、李孟儒

總 編 輯：林麗文
副 總 編：梁淑玲、黃佳燕
主　　編：高佩琳
行銷企畫：林彥伶、朱妍靜

社　　長：郭重興
發行人兼出版總監：曾大福
出　　版：幸福文化出版
地　　址：新北市新店區民權路 108-2 號 9 樓
網　　址：https://www.facebook.com/
　　　　　happinessbookrep/
電　　話：(02) 2218-1417
傳　　真：(02) 2218-8057

法律顧問：華洋法律事務所蘇文生律師
印　　刷：通南彩色印刷有限公司

發　　行：遠足文化事業股份有限公司
地　　址：231 新北市新店區民權路 108-2 號 9 樓
電　　話：(02) 2218-1417
傳　　真：(02) 2218-1142
電　　郵：service@bookrep.com.tw
郵撥帳號：19504465
客服電話：0800-221-029
網　　址：www.bookrep.com.tw

初版一刷：2022 年 02 月
初版四刷：2022 年 05 月
定　　價：380 元

國家圖書館出版品預行編目資料

聰明的 ETF 投資法 / 雨果著 . -- 初版 . -- 新北市
：幸福文化出版社出版：遠足文化事業股份有限
公司發行, 2022.02
ISBN 978-626-7046-36-4(平裝)

1.CST: 基金 2.CST: 投資

563.5　　　　　　　　　　　111000143